U0571739

智能传感器装调与检修

主　编　陶　忠　王乐云

副主编　程　岩　陈　正　李妙然

参　编　秦　涛　李阳春　乔亚军

　　　　郑　威　陈艳秋

主　审　李东兵

北京理工大学出版社

BEIJING INSTITUTE OF TECHNOLOGY PRESS

内容简介

本教材详细解析了智能网联汽车环境感知系统中的各种智能传感器，包括毫米波雷达、超声波雷达、组合导航系统、激光雷达和视觉传感器。教材中不仅对这些传感器的结构、工作原理、特性、种类等理论知识做了详细阐述，还讲解了各种传感器的调试、标定、测试和故障诊断的方法。本教材采用理论＋实操的结构方式，不仅介绍传感器的理论知识，还注重实践操作能力的培养，帮助读者更好地理解和应用这些技术。

本教材配套开发了教学课件、任务工单、微课等丰富的教学资源，教师可通过扫描书上二维码进行查看。

本教材可作为智能网联汽车相关专业的教材，也可作为相关机构、企业进行技术培训的参考资料。

版权专有 侵权必究

图书在版编目（CIP）数据

智能传感器装调与检修 / 陶忠，王乐云主编 . -- 北京 : 北京理工大学出版社，2024.4

ISBN 978-7-5763-3884-3

Ⅰ. ①智… Ⅱ. ①陶… ②王… Ⅲ. ①汽车 - 智能传感器 - 设备安装 - 教材②汽车 - 智能传感器 - 车辆检修 - 教材 Ⅳ. ①U463.6

中国国家版本馆 CIP 数据核字（2024）第 088710 号

责任编辑: 陈莉华　　**文案编辑:** 陈莉华
责任校对: 刘亚男　　**责任印制:** 施胜娟

出版发行 / 北京理工大学出版社有限责任公司

社　　址 / 北京市丰台区四合庄路 6 号

邮　　编 / 100070

电　　话 / （010）68914026（教材售后服务热线）
　　　　　　（010）63726648（课件资源服务热线）

网　　址 / http://www.bitpress.com.cn

版 印 次 / 2024 年 4 月第 1 版第 1 次印刷

印　　刷 / 定州市新华印刷有限公司

开　　本 / 889 mm×1194 mm　1/16

印　　张 / 11

字　　数 / 225 千字

定　　价 / 92.00 元

图书出现印装质量问题，请拨打售后服务热线，负责调换党的二十大报告指出："实施产业基础再造工程和重大技术装备攻关工程，支持专精特新企业发展，推动制造业高端化、智能化、绿色化发展。"

随着智能技术的飞速发展和计算机算法芯片算力的显著提升，智能网联汽车逐渐成为全球汽车产业的核心战略方向。对我国来说，发展智能网联汽车具有极其重要的战略意义。国家层面开始全面布局智能网联汽车的研发和推广，政策引导下，一大批国内企业纷纷涉足这一领域，其中包括百度和华为等知名企业。这些企业在智能网联汽车领域进行了广泛而深入的布局，力图在未来的市场竞争中抢占先机。

要实现技术的突破，人才是关键。目前，智能网联汽车领域人才需求大，但人才培养步伐未能跟上，导致人才供给不足，制约了产业的发展。因此，必须通过教育、教学来培养人才，为产业发展提供源源不断的动力。早在2021年，中国汽车工程协会就发布了《智能网联汽车专业建设白皮书（2021版）》，为智能网联汽车技术专业建设提供了思路。在此背景下，为了满足行业对智能网联汽车技术专业人才的需求，北京和绪科技有限公司携手智能网联汽车技术专家与教育专家、学者，共同开发了本教材。

本教材具有以下特点。

一、理论知识与实践操作相结合。

以实际工作任务为引领，将理论知识和实践操作相结合，配备了技能实训"工作页"，让学生在学习理论知识的同时，进行实际操作训练。可以在完成任务的过程中深入理解和掌握相关知识和技能，不仅增强了学习的针对性和可操作性，也提高了学生的实际操作能力。

二、利用实际工作导入知识点，更容易理解知识点和技能任务之间的关系。

每个任务都设计了一个情景导入，通过模拟现实生活中的实际情况，让学生更好地理解和掌握相关知识和技能，同时增强了课程的趣味性和学生的学习热情。这种情境导入的方式，让学生有更强的参与感和实际操作感，有助于提高学生的学习效果和实际操作能力。

三、配备了丰富的数字化教学资源。

除了纸质教材外，我们还提供了视频、动画、课件等数字化资源，图、文、链接相结合，方便教师教学和学生学习。这些数字化资源可以更好地帮助学生理解和掌握相关知识和技能，同时也方便了教师进行教学和辅导。

四、内容具有先进性。

教材介绍了新的智能网联汽车智能传感器技术和应用，包括新的传感器技术和产品，以及新的智能网联汽车技术和应用，反映了该领域的新进展和趋势。这使得教材内容更加符合当前汽车产业的发展趋势和市场需求，也更加贴近学生的实际需求和未来职业发展的需要。

本教材由南京六合中等专业学校陶忠、王乐云担任主编，由江苏信息职业技术学院程岩、南京六合中等专业学校陈正、北京和绪科技有限公司李妙然担任副主编，由长春汽车职业技术大学李东兵担任主审。其中王乐云负责编写绪论及项目一的内容，陶忠负责编写项目二的内容，程岩负责编写项目三的内容，陈正负责编写项目四的内容，李妙然负责编写项目五的内容。南京六合中等专业学校的秦涛、李阳春、乔亚军、郑威、陈艳秋也参与了教材的编写。

本教材在编写过程中，得到了许多专家与同行的大力支持，也引用了一些网上资料和图片，以及参阅了大量的文献资料，在此一并表示感谢。

由于编者水平有限，书中难免有不当或疏漏之处，恳请读者批评指正。

操作设备说明

本教材中所有的工作任务，都以"智能传感器装配调试台架 + 智能网联教学车"为载体（见下图），开展对智能网联汽车环境感知系统智能传感器的拆装、调试、标定和测试的实训。专业的教具 + 专门的教材，让学生的理论和实操的学习更轻松，更深入。

智能传感器装配调试台架 + 智能网联教学车

编　者

目录

绪 论

项目目标 →

知识目标

◇ 智能传感器的定义;

◇ 智能传感器的种类、功能和应用;

◇ 智能传感器的功能和应用;

◇ 智能传感器产业现状及发展趋势。

素养目标

◇ 培养学生了解新科技、接受新科技、热爱新科技并为之奋斗的精神;

◇ 培养国家荣誉感,建立民族自信心。

模块一 智能网联汽车智能传感器介绍

✎ 任务目标

➢ 熟悉智能传感器的定义;

➢ 了解智能传感器的种类和功用。

✎ 情景导入

高工程师在一家智能网联汽车研发企业工作，负责智能传感器的装调与测试工作。今天，他的工作是向企业介绍智能网联汽车搭载的传感器，并阐述智能传感器的特点和用途。假如你是高工程师，你应该如何去介绍智能网联汽车搭载的传感器呢？

✎ 应知应会

一、智能传感器简述

《国家车联网产业标准体系建设指南》对智能网联汽车的定义：智能网联汽车是指搭载先进的车载传感器、控制器、执行器等装置，并融合现代通信与网络技术，实现车与X（人、车、路、云端等）智能信息交换、共享，具备复杂环境感知、智能决策、协同控制等功能，可实现"安全、高效、舒适、节能"行驶，最终可实现替代人来操作的新一代汽车。智能网联汽车通过先进传感器对周围环境进行感知，并检测汽车行驶状态，进行静态、动态物体的辨识、侦测与追踪，并结合高精度地图，进行系统的计算后预知危险。这些先进驾驶辅助系统，以传感器采集的信息作为系统的输入信息，传感器的质量和性能直接影响先进驾驶辅助系统的安全性，通常我们将其称为高级驾驶辅助系统（Advanced Driving Assistance System），简称ADAS。ADAS感知网络如图0-1所示。

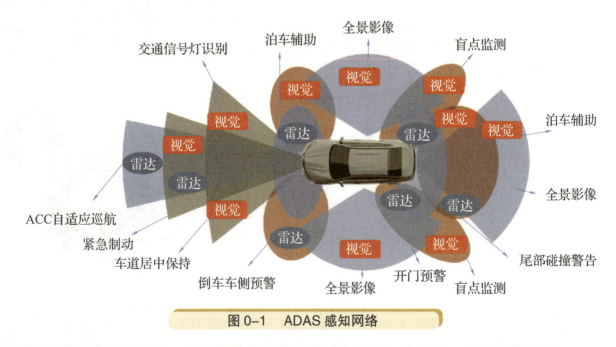

图0-1 ADAS感知网络

智能网联汽车的ADAS系统需要使用传感器感知汽车运行环境，从而预知危险。ADAS系统用于感知环境的传感器主要有摄像头、雷达、超声波、夜视传感器和V2X（即车与车、外界的信息交换），我们将这些传感器称为智能传感器。

智能传感器带有微处理器，具有采集、处理、交换信息的能力，是传感器集成化与微处理机相结合的产物。与传统传感器相比，智能传感器有自计算和信息处理功能；能够自补偿和自校准；能够自学习和自适应；拥有信息存储和记忆功能；能够自诊断；可以实现双向通信等功能。

二、智能传感器的种类

智能传感器有很多种类，不同传感器拥有不同的特性，能够应用到不同的 ADAS 场景，现阶段常见的智能传感器有超声波雷达、毫米波雷达、组合导航、激光雷达和视觉传感器。这些感知系统的智能传感器在 ADAS 系统中，发挥着重要的作用。智能传感器的种类及在汽车上的应用如图 0-2 所示。

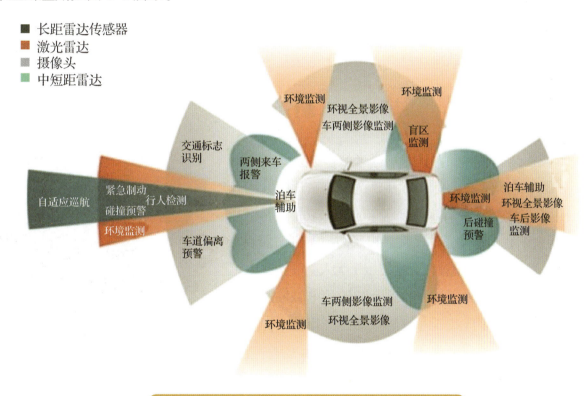

图 0-2　智能传感器的种类及在汽车上的应用

1. 超声波雷达

如图 0-3 所示，超声波雷达是利用超声波的特性研制而成的传感器，是在超声频率范围内将交变的电信号转换成声信号或者将外界声场中的声信号转换为电信号的能量转换器件。

早期，超声波雷达主要应用于车辆的倒车提醒系统，随着汽车高级辅助驾驶和自动驾驶技术的兴起，超声波雷达除了用于倒车辅助，还用于车辆前方障碍物的检测以及车辆两侧障碍

图 0-3　超声波雷达

物的检测。根据超声波雷达在汽车上使用功能的不同，超声波雷达的安装位置也有所不同，它通常安装在车辆的前方、车辆的后方和车辆的两侧，如图 0-4 所示。

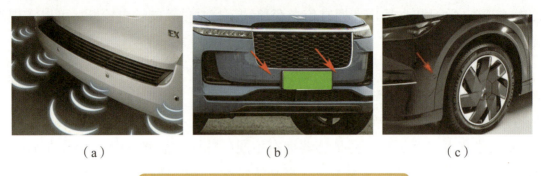

（a）　　　　　　　　　　（b）　　　　　　　　　　（c）

图 0-4　超声波雷达的安装位置

（a）安装在车辆后方；（b）安装在车辆前方；（c）安装在车辆侧面

超声波雷达是汽车上应用最广泛的雷达，现在生产的乘用车基本都有配置。它的结构非常简单，体积小，信息处理简单有效，是非常灵敏可靠的传感器。超声波雷达采用超声波探测障碍物的距离。超声波属于声波，传播速度慢。因此，超声波雷达探测距离较短，通常它的探测距离小于 10 m。

己. 毫米波雷达

毫米波雷达顾名思义，是采用毫米波作为探测基质的雷达，如图 0-5 所示。早在 1986 年，毫米波雷达就开始在汽车上使用，到 199× 年，应用到汽车的 ACC 功能（自适应巡航）。后来车载毫米波雷达又发展出了防撞、盲区探测等其他功能。发展到现在，被广泛地应用于无人驾驶技术中。

图 0-5　毫米波雷达

毫米波是一个电磁波波段，这个波段的电磁波适合无线探测技术，广泛地应用于军事、生活、医疗等方面，如图 0-6 所示。常见的车载毫米波雷达频率有 24 GHz 和 77 GHz。毫米波雷达通常安装在车辆的前、后方或车辆侧面四角的位置，用于探测前后方以及侧方的车辆和行人，如图 0-7 所示。

图 0-6　毫米波频段的应用

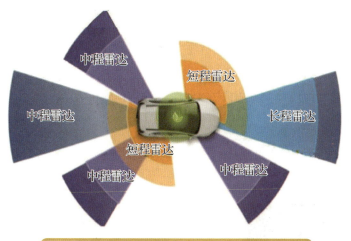

图 0-7　毫米波雷达的安装位置

毫米波雷达的穿透力强，因此，它对环境的适应性很强，它不受光照影响，在雨、雪、大雾等恶劣天气依然可以正常工作，是一种能够全天候使用的感知传感器。

3 激光雷达

激光雷达是以发射激光束来探测目标的位置、速度等特征量的雷达系统，如图 0-8 所示。激光雷达被广泛地应用于制造业的自动化生产中。在生产过程中，激光雷达可以被用于输送设备上物料的监视。激光雷达还被安装到工业机器人中，等于给机器人安装了眼睛，用于识别产品在自动化流水线上的方位。激光雷达在交通建设领域的应用也十分广泛。在高速收费站口，安装激光雷达能够用于车辆计数和安全检测；激光雷达可以实时检测来往车辆轮廓，扫描车辆的尺寸，用于车道分离等功能。

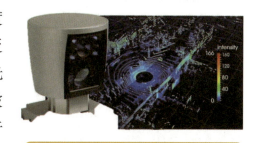

图 0-8　激光雷达

激光雷达被用于汽车技术，是由于智能驾驶的推动，车载激光雷达如图 0-9 所示。正是由于激光雷达的强大性能，它才能够在众多的环境感知传感器中脱颖而出，成为高阶段自动驾驶感知系统中不可或缺的一部分。

图 0-9　车载激光雷达

4 组合导航

导航是一个研究领域，它的目的主要是监测和控制车辆从一个地方移动到另一个地方的过程，如图 0-10 所示。随着科学技术的发展，导航的手段日益丰富，这些导航手段有自己的优势，但也存在不足。如广泛使用的卫星导航技术，它虽然具有精度高、可以全天候工作、覆盖区域广、近实时输出导航数据等特点，但也存在复杂地形条件下（城市楼群、山区、森林、室内和地下建筑），信号可用性差、易受干扰影响等弱点。为了满足更高导航性能的需求，人们提出了组合导航的概念，即将多种不同的导航手段组合在一起，各种手段性能互补，取长补短，以获得比单独使用一种导航系统时更高的导航性能。组合导航的应用如图 0-11 所示。

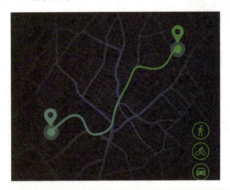

图 0-10 导航路线

图 0-11 组合导航的应用

组合导航系统（Integrated Navigation System）就是这样一种利用计算机和数据处理技术将运载体上的两种或两种以上的导航设备组合在一起的导航系统。通常采用的组合导航有：卫星导航与惯性导航的组合；多种卫星导航系统之间的组合；卫星导航、惯性导航与地理信息系统的组合等。未来也必将会有新的导航手段和组合方式出现，推动组合导航技术不断发展。

5. 视觉传感器

视觉传感器是指利用光学元件和成像装置获取外部环境图像信息的仪器。

广义的视觉传感器主要由光源、透镜、镜头、图像传感器、模数转换器、图像处理器、图像存储器等组成，如图 0-12 所示，其主要功能是获取足够的机器视觉系统要处理的最原始图像。把光源、摄像机、图像处理器、标准的控制与通信接口等集成一体的视觉传感器常称为一个智能图像采集与处理单元，即摄像头采集单元，如图 0-13 所示。

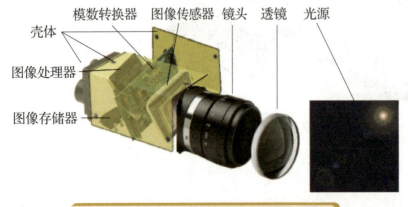

图 0-12 视觉传感器结构图

图 0-13 摄像头采集单元

　　狭义的视觉传感器是指图像传感器，它的作用是将镜头所成的图像转变为数字或模拟信号输出，是视觉检测的核心部件，主要有 CCD 图像传感器和 CMOS 图像传感器。

　　决定视觉传感器采集图像清晰度的关键指标为分辨率，分辨率通常使用像素的数量来表示。但对汽车而言，并不一定像素越高越好。图像越清晰，像素就越高，像素越高的图像进行计算机处理时，对计算机的算力也提出了一定的要求，而车载摄像头仅满足识别近处物体的轮廓即可，对分辨率的要求并不是特别高。

模块二　智能网联汽车智能传感器产业的发展现状和趋势

✎ 任务目标

◇ 能够正确解读智能传感器的相关政策；
◇ 能够正确认知智能传感器的发展趋势。

✎ 情景导入

　　小杨是一名智能网联汽车技术相关专业的学生，想今后在智能网联汽车智能传感器方面发展，但对整个行业和就业市场比较模糊，小杨应该如何明确今后的发展方向呢？

　　假如你是小杨，通过下面的学习，能够认清智能传感器行业的发展趋势以及未来相关的就业形势吗？

✎ 应知应会

一、国家对智能传感器产业的支持

　　传感器是信息系统的核心组成部分，是国家工业基础能力的重要保障，在推动产业数字化升级方面发挥着关键的支撑性作用。近年来，随着物联网、人工智能、智能制造、大数据等技术不断突破，产业大升级、行业大融合的态势持续凸显，加快智能传感器产业的发展，对于推进信息技术产业基础高级化、产业链现代化，乃至实现国民经济高质量发展，具有重要意义。

传感器自诞生以来，大致经历了结构型、固体型、智能型三个阶段，随着各类技术的进步，前两类传感器逐渐无法满足对数据采集、处理等流程的需求，于是融合了 AI 技术的智能传感器开始受到关注。

20 世纪开始，我国开始智能传感器领域的探索。20 世纪 80 年代，我国对于智能传感器的研究不断深入。2013 年起，智能传感器行业扶持政策陆续出台，重点为使传感器及智能仪器仪表实现微型化、数字化、模块化、网络化；国家四部委于 2013 年发布了《加快推进传感器及智能仪器仪表产业发展行动计划》，重点提升各企业主体提供解决方案的能力，使传感器及智能仪器仪表实现微型化、数字化、模块化、网络化，提升产品价值链，增强传感器及智能仪器仪表产业的创新能力和国际竞争力。2017 年，工信部制定了《智能传感器产业三年行动计划（2017—2019 年）》，明确传感器产业的发展目标和方向。伴随物联网和智能制造的兴起，智能传感器得到了广泛关注。

近年来，国家相关部委相继推出了《电子信息制造业 2023—2024 年稳增长行动方案》《制造业可靠性提升实施意见》《工业和信息化部等六部门关于推动能源电子产业发展的指导意见》《关于支持建设新一代人工智能示范应用场景的通知》等一系列政策，鼓励和支持智能传感器行业的发展。中国智能传感器行业最新政策汇总一览表如表 0-1 所示。

表 0-1　中国智能传感器行业最新政策汇总一览表

时间	政策名称	内容
2023 年 8 月	《电子信息制造业 2023—2024 年稳增长行动方案》	加快信息技术领域关键核心技术创新和迭代应用，加强 micro-LED、印刷显示等前瞻性产业布局。面向个人计算、新型显示、VR/AR、5G 通信、智能网联汽车等重点领域，推动电子材料、电子专用设备和电子测量仪器技术攻关，研究电子材料产业创新公共服务平台，发挥好集成电路材料生产应用示范平台、国家新材料测试评价平台电子材料行业中心等公共服务功能。
2023 年 6 月	《制造业可靠性提升实施意见》	重点提升电子整机装备用 SoC/ICU/GPU 等高端通用芯片、氮化镓/碳化硅等宽禁带半导体功率器件、精密光学元器件、光通信器件、新型敏感元件及传感器、高适应性传感器模组、北斗芯片与器件、片式阻容感元件、高速连接器、高端射频器件、高端机电元器件、LED 芯片等电子元器件的可靠性水平。
2023 年 2 月	《工业和信息化部等六部门关于推动能源电子产业发展的指导意见》	加强面向新能源领域的关键信息技术产品开发和应用，主要包括适应新能源需求的电力电子、柔性电子、传感物联、智慧能源信息系统及有关的先进计算、工业软件、传输通信、工业机器人等适配性技术及产品。研究小型化、高性能、高效率、高可靠的功率半导体、传感类器件、光电子器件等基础电子元器件及专用设备、先进工艺，支持特高压等新能源供给消纳体系建设。
2022 年 8 月	《关于支持建设新一代人工智能示范应用场景的通知》	针对自动驾驶从特定道路向常规道路进一步拓展的需求，运用车端与路端传感器融合的高准确环境感知与超视距信息共享、车路云一体化的协同决策与控制等关键技术，开展交叉路口、环岛、匝道等复杂行车条件下自动驾驶场景示范应用，推动高速公路无人物流、高级别自动驾驶汽车、智能网联公交车、自主代客泊车等场景的发展。

时间	政策名称	内容
2022年8月	《加快电力装备绿色低碳创新发展行动计划》	加速数字化传感器、电能路由器、潮流控制器、固态断路器等保护与控制核心装备的研制与应用；加快数据中心、移动通信和轨道交通等应用场景的新型配电装备融合应用与高度自治配电系统建设。
2022年7月	《产业基础创新发展目录（2021年版）》	在仪器仪表领域，共有20款传感器上榜，包括智能电流与功率测量传感芯片、高精度压力传感元件、高精度超声传感器、高精度倾角传感器、宽温区压力传感器、医用免维护电化学氧气传感器等。
2022年1月	《计量发展规划（2021—2035年）》	加快量子传感器、太赫兹传感器、高端图像传感器、高速光电传感器等的研制和应用。实施仪器设备质量提升工程，强化计量在仪器设备研发、设计、试验、生产和使用中的基础保障作用。建立仪器仪表计量测试评价制度。

工业和信息化部等部门先后印发了《实施智能传感器三年行动指南》《基础电子元器件产业发展行动计划》《物联网新型基础设施建设三年行动计划》等一系列文件，加快提升高端传感器的创新能力和产业发展水平。

二、我国智能传感器行业的长期发展趋势

智能传感器就像人的眼睛、耳朵、鼻子，用来获取外界事物的相关信息。随着测控系统自动化、智能化的发展，传统的传感器已无法满足自动化和智能化系统的要求，更多地需要传感器本身具有更高的准确度、更高的可靠性能以及较强的系统稳定性，并配备简单的数据处理功能，对传感器本身进行检查、校对和修正。

此外，自动化和智能化系统对传感器探测精度等一系列指标有了较高要求，工艺要求也越来越高。

中国汽车传感器产业链可分为三部分。其中，产业链上游包括新材料、新工艺、新的制造设备等。例如，MEMS（Micro-Electro-Mechanical System，微电子机械系统）传感器材料分半导体材料、陶瓷材料、金属材料和有机材料四大类。产业链中游为汽车传感器的制造商，是汽车传感器技术的所有者，负责传感器的研发、生产、销售和维修；汽车传感器的下游涉及汽车主机厂。

在上游领域，汽车传感器行业的上游行业主要是传感器制造原材料供应商。陶瓷材料供应商包括风华高科、国瓷材料、万丰电子等；半导体材料供应商包括江丰电子、阿石创、有研新材、沪硅产业等；金属材料供应商包括宝钢股份、江西铜业、紫金矿业、铜陵有色等。

在中游领域，目前，国内传感器制造代表企业有保隆科技、奥力威、日盈电子、华工科技、腾龙汽车、晶晟科技等。

下游领域为汽车主机厂，包括比亚迪汽车、东风雪铁龙、中国一汽、广汽集团、长城汽车、蔚来汽车等。

我国智能传感器产业生态逐渐趋于完备，设计制造、封测等重点环节均有骨干企业布局。中国智能传感器市场规模在 2019 年为 738.9 亿元人民币；2020 年，中国智能传感器行业市场规模在 885.8 亿元人民币；2022 年市场规模达到 1 154.4 亿元人民币，预计到 2025 年将达到 1 795.5 亿元人民币。2019—2025 年中国智能传感器市场规模如图 0-14 所示。

图 0-14　2019—2025 年中国智能传感器市场规模

汽车传感器是汽车的关键基础零部件，伴随着汽车销量的上升，汽车传感器的需求量随之上升；同时，智能汽车的快速发展催生自动驾驶传感器的快速发展，未来智能汽车的渗透率不断提升，自动驾驶传感器的需求量将呈现快速增长的趋势。智能汽车发展将带动汽车传感器需求增长，预计到 2026 年中国汽车传感器市场规模将达到 982 亿元。随着互联网与物联网的高速发展，传感器在众多新兴领域的应用空间得到了大幅扩展，如智能家居、物联网、车联网和智慧城市，尤其是在汽车行业中，电动化、智能化功能将持续迭代，我国自动驾驶相关政策体系也在不断地迈上新一级台阶，车载传感器作为实现自动驾驶功能的核心部件有望获取更大的受益。

早期的智能网联汽车主要采用超声波雷达、毫米波雷达和摄像头等感知传感器。如今，越来越多的智能网联汽车，开始搭载激光雷达。激光雷达可提供周围物体的精确距离，使机器能够采集 3D 图像，能够更好地提供距离、位置及运动状态信息。因此，许多主机厂在切入高阶自动驾驶时，使用激光雷达、毫米波雷达、超声波雷达、摄像头等感知传感器，采用多传感器融合的方案。

三、智能传感器行业的就业形势

目前，我国智能传感器行业呈以产业集群形态发展，主要应用领域集中于消费电子、汽车电子以及优势智能传感器产品，主要为声学、惯性、压力传感器等。

智能网联汽车的发展需要搭载很多智能传感器技术，同时智能网联汽车也是未来传感器非常重要的一个应用领域，也是诸多传感器厂家不可丢失的一个市场。一台智能汽车上应用的传感器无论是数量上还是种类，都是其他产品无法比拟的。近几年新能源汽车迅猛发展，智能传感器在新能源汽车上有较好的适应性，使得国内逐渐出现了具有代表性的智能传感器企业，主要有软通动力信息技术股份有限公司、中科创达软件股份有限公司、北醒（北京）光子科技有限公司、中联天通、镭神智能等众多代表性智能传感器企业。在众多智能传感器企业中所需要的岗位大多要求能够对智能传感器进行安装和测试工作、能够对智能传感器进行数据采集及标定工作，智能传感器就业岗位及工作内容如表 0-2 所示。

表 0-2 智能传感器就业岗位及工作内容

岗位名称	岗位工作内容
ADAS 测试工程师	1. 熟悉地图、导航基础知识； 2. 参与实车传感器（摄像头、超声波雷达、激光雷达、毫米波雷达等）相关的感知性能实车测试工作； 3. 感知设备实车测试及标定； 4. 了解常用传感器的特性，如摄像头、雷达、激光雷达等； 5. 负责实车传感器（摄像头、超声波雷达、激光雷达、毫米波雷达等）相关的感知测试工作，完成测试工程师安排的道路数据采集任务，统计误检、漏检等问题频次。
传感器测试工程师	1. 熟悉自动驾驶相关传感器的工作原理； 2. 熟悉传感器测试与标定； 3. 负责毫米波雷达的静态、动态性能测试； 4. 整理雷达测试数据，填写测试记录； 5. 负责组合导航产品实车路测，根据需求对系统进行标定和调试； 6. 负责根据系统或产品的功能需求完成测试计划的制订、测试方案的编写、测试用例的设计； 7. 熟悉地图、导航基础知识； 8. 参与实车传感器（摄像头、超声波雷达、激光雷达、毫米波雷达等）相关的感知性能实车测试工作； 9. 了解常用传感器的特性，如摄像头、雷达、激光雷达等。
传感器应用工程师	1. 针对现有的路侧和车载感知摄像头、毫米波雷达、激光雷达等产品进行应用、性能测试和评估； 2. 开发整理与传感器应用相关的工具链，进行测试分析工具开发； 3. 参与路侧感知方案的数据采集、测试和评估。
标定工程师	1. 熟悉视觉标定，点云提取，相机内参、其他外参标定，标定工具的使用； 2. 负责多款车型的 Camera、Lidar、Radar、IMU、RTK 等传感器标定交付任务； 3. 负责产线标定和售后标定等多种算法测试； 4. 负责标定设备的管理和采购以及标定间布置。
惯导测试工程师	1. 负责惯导产品标定、补偿测试及性能测试； 2. 用 Matlab 软件进行实验数据分析，编写测试试验报告； 3. 制作试验中的测试条件需要的工装、测试电缆、测试电路等。

项目一

毫米波雷达的装调与检修

项目目标 →

知识目标

◇毫米波雷达的功能和分类；

◇毫米波雷达的结构和工作原理；

◇毫米波雷达的特点和应用；

◇毫米波雷达配置参数介绍；

◇毫米波雷达电路识读；

◇毫米波雷达插接器针脚介绍。

技能目标

◇能够正确地拆装毫米波雷达；

◇能够正确完成毫米波雷达的调试和标定工作；

◇能够正确检测毫米波雷达的故障。

素养目标

◇通过教材和老师的引导，培养学生热爱学习、善于思考的习惯；

◇通过教材实训环节的设置，培养学生团结协作、互帮互助的精神；

◇通过实操步骤的练习，培养学生标准操作、规范作业、精益求精的工匠精神；

◇通过教材中对安全和质量的阐述，培养学生的质量意识、安全意识、节能环保意识
等职业素养。

任务一　毫米波雷达的拆装

任务目标

◇ 了解毫米波雷达的功能和分类；
◇ 掌握毫米波雷达的结构和工作原理；
◇ 熟悉毫米波雷达的特点；
◇ 掌握毫米波雷达的应用；
◇ 能够熟练完成毫米波雷达的拆装工作；
◇ 能够独自完成毫米波雷达的安装标定工作。

情景导入

　　张技师在一家智能网联汽车研发企业工作，负责智能传感器的装调与测试工作。今天，他的工作是将一个新款毫米波雷达安装到某一型号的智能汽车上，并完成毫米波雷达的测试工作，形成测试报告，反馈给研发人员。

　　如果你是张技师，应该怎样进行规划和操作，高质量地完成自己的工作？

应知应会

一、毫米波雷达的功能和分类

1. 毫米波雷达的功能

　　毫米波雷达是通过电磁波来感知周围环境的智能传感器。它通过发射和接收毫米波段电磁波的方法实现目标物体的距离检测、方位角度检测和相对速度的检测，如图1-1所示。

　　毫米波雷达在智能网联汽车领域主要用于目标的跟踪和识别，能够实现自适应巡航控制、前后方防撞预警、盲点监测、辅助停车、辅助变道、自主巡航等先进的巡航控制功能，如图1-2所示。

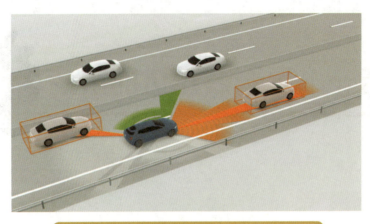

图1-1　毫米波雷达的功能（1）

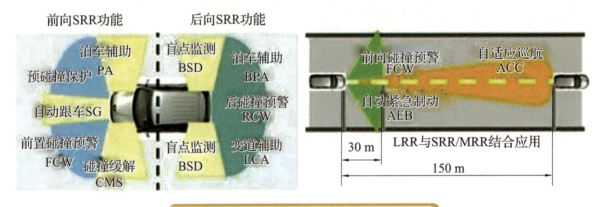

图1-2　毫米波雷达的功能（2）

2. 毫米波雷达的分类

毫米波雷达经过多年的发展，开发出了许多不同的类型，以满足车辆对环境探测的不同需求。毫米波雷达可以根据频段、探测距离、工作方式三种方式进行分类。

（1）按频段分类

目前，汽车领域使用的毫米波雷达的频段有24 GHz、60 GHz、76~81 GHz（77/79 GHz）。不同国家对车载雷达频率的使用划分情况也有所不同，如表1-1所示。

表1-1　主要国家车载雷达频率允许使用情况划分

国家	24 GHz	60 GHz	76~81 GHz	
			77 GHz	79 GHz
中国	允许	—	允许	允许
美国	允许	—	允许	允许
欧盟	允许	—	允许	允许
有些国家	允许	允许	允许	允许

24 GHz 毫米波雷达的波长是 12.5 mm，波长虽不在毫米波（波长为 1~10 mm）的波长范围，但业内依然称其为毫米波雷达；60 GHz 毫米波雷达的波长是 5 mm；77 GHz 毫米波雷达的波长是 3.9 mm，如图 1-3 所示。

根据电磁波的传导特性，频率越高波长越短，分辨率、测量精度就越高。从 24 GHz 过渡到 77 GHz，雷达物体分辨准确度提高了 2~4 倍，距离测量和速度测量的精确度提高了 3~5 倍。

图 1-3　不同波段毫米波雷达比较

不同频段的毫米波雷达，在汽车上的应用有所不同。24 GHz 毫米波雷达主要用于距离小于 70 m 的中、短程检测，实现盲点监测、变道辅助、自动泊车辅助等功能。77 GHz 毫米波雷达通常用于中、远程检测，其覆盖范围可以达到 250 m，实现如自适应巡航、前方碰撞预警、自动制动辅助等功能。

（2）按探测距离分类

按探测距离分类，毫米波雷达可分为短程雷达（SRR）、中程雷达（MRR）、远程雷达（LRR）。短程毫米波雷达探测距离一般小于 60 m；中程毫米波雷达探测距离一般在 100 m 左右；远程毫米波雷达探测距离一般大于 200 m，如图 1-4 所示。

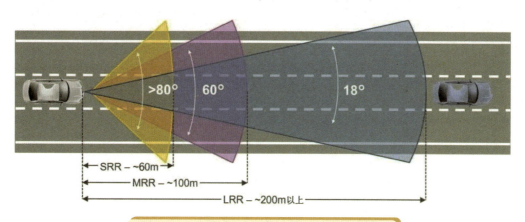

图 1-4　不同类型毫米波雷达的探测距离

目前，在智能网联汽车领域中应用的毫米波雷达，中短距离以 24 GHz 频段为主；长距离以 77 GHz 频段为主。

（3）按工作方式分类

毫米波雷达的工作方式是主动发射毫米波信号，该信号遇到物体后形成反射回波，利用反射回波的信息，实现对目标的位置检测和距离速度的检测。根据雷达工作方式的不同，毫米波雷达可分为脉冲式毫米波雷达和连续波式毫米波雷达，其波形如图1-5所示。

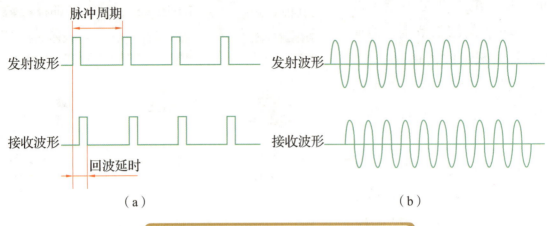

图1-5 毫米波雷达工作方式分类

（a）脉冲式毫米波雷达波形；（b）连续波式毫米波雷达波形

1）脉冲式毫米波雷达。脉冲式毫米波雷达通过周期性地发射脉冲波进行探测。它通过发射波与接收波之间的时间差来计算目标距离。脉冲式毫米波雷达适用于远距离目标探测，测量原理简单，测量精度较高。当测量目标很近时，它的发射信号和接收信号时间差相对较短，窄脉冲产生困难，发射峰值功率大，对系统处理信号要求高，信号处理系统复杂，增加了成本。

2）连续波式毫米波雷达。连续波式毫米波雷达又分为恒频连续波（CW）雷达、频移键控（FSK）雷达、调频连续波（FMCW）雷达和相移键控（PSK）雷达等，如表1-2所示。

表1-2 连续波式毫米波雷达的特点

雷达种类	连续波式毫米波雷达			
	恒频连续波雷达	频移键控雷达	调频连续波雷达	相移键控雷达
特点	1. 通过来自目标的多普勒频移信息测速； 2. 不能测量距离。	1. 可测量目标距离和速度； 2. 难以测量多个目标。	1. 利用随机二相码或四相码调制载频以测量距离和速度； 2. 要求分辨率较高时，对信号处理要求很高。	1. 可对多个目标测量距离、速度信息；分辨率高，信息处理复杂度低、成本低、技术成熟； 2. 对相位变化非常敏感，因此在高速传输时容易受到相位失真的影响。

目前，车载毫米波雷达领域，应用比较广泛的是调频连续波雷达。调频连续波雷达既可以测距又可以测速，并且在近距离测量方面有很大的优势。调频连续波雷达工作时，发射频率变化的连续波，连续波遇到障碍物后被反射，产生与发射信号有移动的频率差的回波，发射的连续波与回波信号的差异中，包含了物体的方位、速度等信息。

调频连续波雷达的调频方式有多种，常见的有三角波、锯齿波、编码调频或者噪声调频等。车载毫米波雷达多采用三角波调频方式，如图1-6所示。调频连续波雷达可测量多个目标，且雷达发射功率随时间基本不变，因此所需器件较少，电路结构简单，信号处理复杂度低，有利于向低成本化、小型化发展。但好的线性调频不易获得，影响距离分辨率。

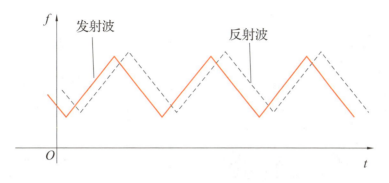

图 1-6　三角波调频方式雷达波形

二、毫米波雷达的结构和工作原理

1. 车载毫米波雷达的结构

车载毫米波雷达通常由单片微波集成电路（MMIC）芯片、天线印制电路板（PCB）、数字信号处理器（DSP）、微控制器（MCU）、毫米波雷达外壳等部分组成，如图 1-7 所示。

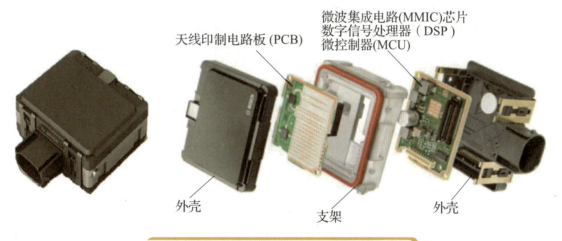

图 1-7　车载毫米波雷达的结构

（1）MMIC 芯片

MMIC 芯片是一个多功能单一芯片的大规模集成电路，它包含了多种功能电路（见图 1-8），如低噪声放大器（LNA）、功率放大器、混频器、压控振荡器（VCO）、移相器等，具有电路损耗小、噪声低、频带宽、动态范围大、功率大、附加效率高、抗电磁辐射能力强等特点。

（2）PCB 电路板

毫米波雷达 PCB 电路板（见图 1-9）通常带微阵列，即将高频 PCB 集成在普通的 PCB 基板上实现天线的功能。它的内部包含 TX（发送）天线和 RX（接收）天线。TX 天线负责将射频集成电路输送来的高频信号，向规定方向发射出去；RX 天线负责接收反射回来的回波，然后输送到射频集成电路。不同品牌型号的毫米波雷达拥有的 TX 天线和 RX 天线的数量皆不相同。

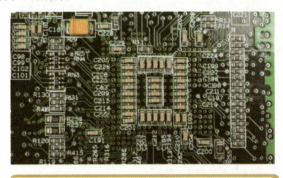

图 1-8　MMIC 芯片

图 1-9　PCB 电路板

（3）数字信号处理器（DSP）

如图 1-10 所示，数字信号处理器负责通过内部的数字 / 模拟转换器（DAC），将数字信号转换为模拟信号输送给压控振荡器，并负责从射频集成电路获取中频信号，经其内部的模拟 / 数字转换器（ADC），将模拟信号转换为数字信号，并用快速傅里叶变换、非相干积累、CFAR 检测、角度估计等处理方法，计算得到目标物体的距离、方位角以及速度信息。

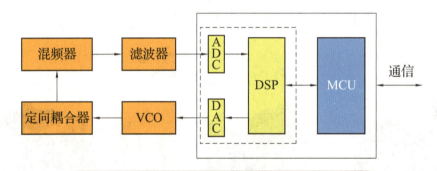

图 1-10　数字信号处理器及 MCU 的工作原理

（4）微控制器（MCU）

如图 1-10 所示，MCU 负责控制数字信号处理器的工作，并接收数字信号处理器算出的目标物体的距离、方位角以及速度信息，同时结合接收到的汽车其他动态信息如汽车当前的车速、挡位、横摆角速度等，进行数据融合及处理，并通过如通信总线发送给计算平台及其他需要这些信息的控制单元。

2. 车载毫米波雷达的工作原理

调频连续波雷达利用多普勒效应计算出目标的距离和速度。

雷达首先发射电磁波，电磁波遇到目标物体后形成反射波，通过分析发射波频率与反射波频率之间的差异，计算出目标物与雷达之间的距离和速度等信息，如图 1-11 所示。

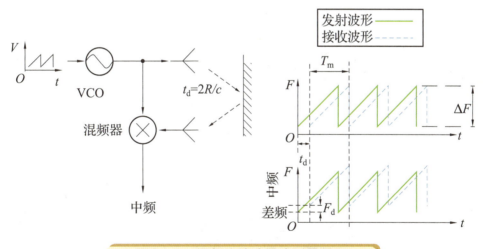

图 1-11　毫米波雷达的工作原理

毫米波雷达发出毫米波信号，信号遇到目标物后产生回波信号，发射信号与回波信号相比形状相同，但时间有差值。当目标与毫米波雷达之间有相对运动时，发射信号与回波信号之间除了时间差外，还会产生多普勒频率。毫米波雷达通过分析发射信号和回波信号，计算出目标物与雷达之间的距离、速度和方位角等信息。

（1）距离测量

毫米波雷达通过探测发射毫米波和回波的往返时间来得到目标物距离。公式为 $t_d = 2R/c$，毫米波传播速度为光速 c，t_d 为此刻静止目标回波与发射波的时间差，$2R$ 为往返距离。调频连续波雷达测量原理如图 1-12 所示。

图 1-12　调频连续波雷达测量原理

（2）速度测量

速度的测量利用多普勒效应（见图 1-13）计算，当目标向雷达天线靠近时，反射信号频率将高于发射信号频率；反之，当目标远离天线而去时，反射信号频率将低于发射信号频率。如图 1-12 所示，根据多普勒效应，当毫米波雷达发射的毫米波遇到相对移动的目标物体后，反射回来的毫米波频率与发射毫米波的频率会产生不同，两者相减可以得到频率差 F_d，从而能得到中频信号。根据中频信号，可测出目标物体对毫米波雷达的径向相对运动速度。

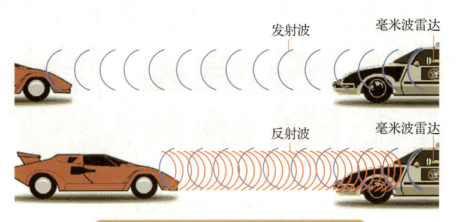

发射波　　毫米波雷达

反射波　　毫米波雷达

图1-13　毫米波雷达产生的多普勒效应

（3）方位角测量

如图1-14所示，通过多个并列的接收天线收到同一目标物体反射回来的毫米波的距离差 d，计算得到目标的方位角 θ，对目标角度信息的解析需要至少两个 RX 天线，采用比相法来实现测角功能，单发单收天线无法进行角度估计。方位角 θ 也与接收天线 1 和接收天线 2 之间的几何距离 l 相关。

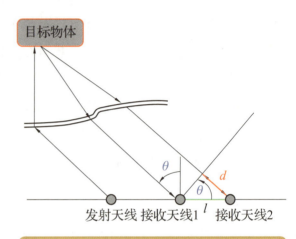

目标物体

发射天线　接收天线1　接收天线2

图1-14　毫米波雷达测量目标方位的原理

三、毫米波雷达的特点

毫米波雷达的特点与毫米波的特性有关。毫米波是指频率在 30~300 GHz，波长为 1~10 mm 的电磁波，如图1-15所示。毫米波的波长位于微波与远红外波互相交叠的范围，具有这两种波长的特点。

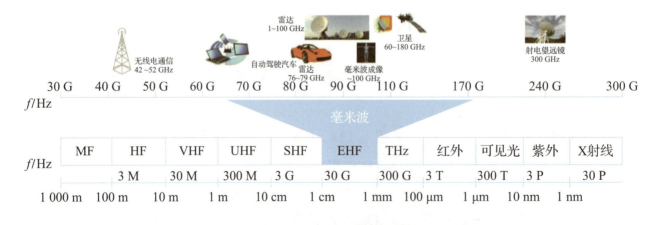

图1-15　毫米波在电磁波中的位置

1. 毫米波雷达的优点

①毫米波与微波相比，其波长更短，对于金属敏感，能够形成强烈的电磁反射，因此对于金属制成的汽车探测性能好。毫米波雷达波长短，雷达的元件尺寸小，质量轻，易于设计安装到汽车上，利于毫米波雷达在汽车上的普及。

②毫米波的带宽很宽，毫米波的频率范围是 30~300 GHz，带宽高达 270 GHz。高带宽能够提供更高的距离分辨率。

③毫米波的波束窄，与微波相比，毫米波的波束窄得多。波束越窄，抗干扰的能力越强，分辨率也越高，更利于目标的识别和跟踪。

④毫米波不属于光波，它的穿透能力很强，毫米波雷达与红外传感器、激光雷达、摄像头等相比，不受雨、雪、雾、灰尘的影响，在夜晚也可以使用，而且不受颜色和温度的影响，可以全天候全天时使用。

⑤另外毫米波雷达的探测距离远，可达 200 m 以上。毫米波的传播速度与光速相同，响应速度极快，是智能网联汽车非常重要的环境感知传感器。

2. 毫米波雷达的缺点

①毫米波是电磁波，相对于激光雷达和摄像头无法成像，难以较精确辨别物体大小和形状，对高处物体检测效果不佳，无法感知测量物体颜色，因此无法识别交通标识和交通信号灯。

②毫米波对金属的反射波强，但对人体及非金属物品的电磁反射弱，当车辆行驶在复杂的交通状况下时，驾驶员需谨慎使用。

③由于采用了波探测，毫米波雷达的覆盖区域呈扇形，有盲区，需要装配多个雷达或使用其他传感器的信号补充。

四、毫米波雷达的应用

毫米波雷达是智能网联汽车环境感知系统中的核心传感器之一，因其出色的测距测速能力，被广泛地应用在自适应巡航（ACC）、前碰撞预警（FCW）、后碰撞预警（RCW）、自动紧急制动（AEB）、盲点监测（BSD）、变道辅助（LCA）等汽车高级驾驶辅助系统（ADAS）中。

车用毫米波雷达主要有 24 GHz 毫米波雷达和 77 GHz 毫米波雷达，它们各有特点，应用在不同的领域。

24 GHz 毫米波雷达探测距离短、探测角度大，在中短距离有明显优势。它的价格便宜，通常安装在车辆的两侧和车身四角，主要应用于对探测角度要求较宽，但对探测距离要求较短的高级驾驶辅助系统中，如盲点监测系统、变道辅助系统等，如图 1-16 所示。

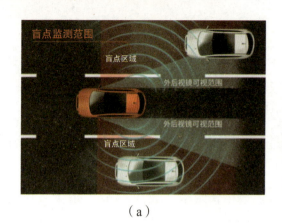
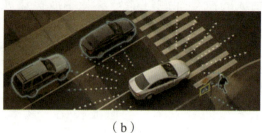

（a）　　　　　　　　　　　　　　　（b）

图1-16　中短程毫米波雷达的功能
（a）盲点监测；（b）变道辅助

　　77 GHz毫米波雷达探测距离长、探测角度小，识别精度更高且穿透能力更强，在中长距离有明显优势。它的价格较高，通常安装在车辆的前方，主要应用于对探测距离要求较长，对探测角度要求较小，对整车行车安全性很重要的高级驾驶辅助系统中，如自动紧急制动系统、自适应巡航系统、前方碰撞预警系统等，如图1-17所示。

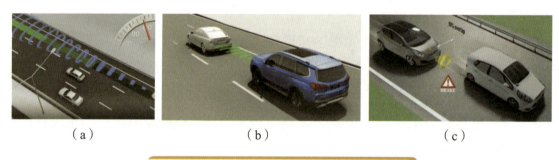

（a）　　　　　　　　　　　（b）　　　　　　　　　　　（c）

图1-17　远程毫米波雷达的功能
（a）自适应巡航；（b）防撞预警；（c）自动紧急制动

 **技能实训**

五、实训规则

1. 实训目的

　　为了规范实训教学，提供良好的实训环境，将教学实训安全、高效、有序地进行，特制定本规则。

2. 实训要求

　　①学生要履行道德准则和行为规范，做到遵纪守法、诚实守信、文明礼貌、热爱劳动。

②实训时，着装要整齐，摘掉戒指、手表、项链等物品，长发应盘起固定于脑后。

③学生要做到上课不迟到、不早退；有事要请假。

④学生要认真学习知识，掌握操作工艺和安全规程。

⑤学生要有集体意识和团队合作精神，听从教师指导，服从工位分配。

⑥学生要有安全意识和质量意识，严格遵守操作规范，发扬工匠精神，保质保量按时完成实训任务。

⑦学生要有环保意识，要爱护仪器设备和公共设施，要节约材料，时刻保持实训场地整洁美观。

⑧学生在实训中，要有自我管理能力和职业规划的意识，要互教互学，取长补短。

⑨学生应严格执行管理规范，下课前整理仪器设备、清理卫生、切断电源、关好门窗，经教师同意后，方可离开实训场地。

3. 注意事项

①凡进入实训室进行任何实训操作前，须仔细阅读《实训室安全手册》，签订"实训室安全承诺书"，参加实训室安全知识考试。

②实训室必须按规定配备消防器材，落实防火、防盗、防污染、防事故等方面的防护措施。

③实训前，学生必须按要求穿戴防护服、防护手套。

④实训过程中，学生必须遵守实训室安全管理规定，听从实训室管理人员的安排，严格按照规程操作仪器设备，正确使用工具；有问题及时提问，不盲目操作，不野蛮操作。

⑤实训结束后，应及时清理和打扫，保持实训室的干净和整洁。

⑥最后离开实训室前，必须关闭电源、水源，关好门窗、灯具和空调等。

六、毫米波雷达的拆装

（1）任务准备

①操作设备：智能网联教学车、举升机。

②工具／材料：常用工具套装、倾角仪、卷尺。

③人员分工：组长1名、记录人员2名，检验员2名，操作人员若干，以上角色可通过选举、抽签或老师指定等方式担任，通过多个任务的训练，争取让每个学生轮流担任不同角色。

④实训场地：智能网联汽车实训室。

任务工单－毫米波雷达的拆装

（2）任务实施

拆装前防护	
个人防护：维修人员穿好工装，戴好手套。	整车防护：车内部铺设脚垫、座椅套和转向盘套；车外铺设翼子板和前格栅护罩。

毫米波雷达的拆卸	
步骤一：拆卸前保险杠。	
1.车辆举升准备。 （1）将智能网联教学车移到举升工位。	（2）设置举升机支臂，初步举升车辆，使轮胎轻微离地。

（3）检查举升机的4个托盘与车辆支架的连接，确保牢固。	2.拆卸车辆充电口饰板。 （1）使用十字螺丝刀，拆卸充电口饰板的4颗固定螺栓。

（2）撬开充电口饰板与前保险杠之间的卡扣，拔下饰板装饰灯的插头，拿下前充电口饰板。

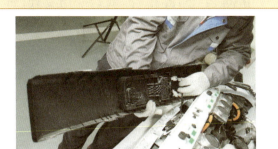

3. 拆卸前保险杠。

（1）使用棘轮扳手、M10 套筒，拆卸前保险杠上部两侧的两个固定螺栓。

（2）拆卸保险杠上面的两个卡扣。

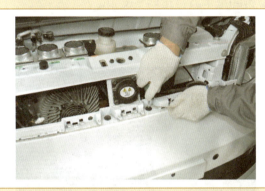

（3）使用十字螺丝刀拆卸前保险杠两侧的两个固定螺栓。

（4）举升车辆到中位，使用棘轮扳手、M10 和 M7 套筒，拆卸前保险杠底部的 4 颗固定螺栓。

（5）降落举升机到低位，两个维修人员同时用力，掰开前保险杠两侧的卡扣，分离前保险杠。

（6）依次断开前保险杠上 4 个超声波雷达的插接器，取下前保险杠，放置到零件车上。

步骤二：拆卸毫米波雷达。

1.拆卸毫米波雷达插接器。 　松开雷达插接器锁止销，拔下毫米波雷达插接器。	2.拆卸毫米波雷达。 　使用 M4 内六角扳手，拆卸 3 颗固定螺栓，取下毫米波雷达，轻放到零件车上。

3.拆卸毫米波雷达固定支架。 　使用 M10 开口扳手和棘轮扳手、M10 套筒，拆卸两颗调整螺栓，取下毫米波雷达固定支架。	4.拆卸毫米波雷达调整支架。 　（1）使用棘轮扳手、M10 套筒，松开调整支架的调节螺栓，使调节支架能够自由移动。

（2）使用棘轮扳手、M10 套筒，拆卸调整支架的两个固定螺栓，取下调整支架，至此毫米波雷达的拆卸完成。

毫米波雷达的安装

步骤一：安装毫米波雷达。

1.安装毫米波雷达调整支架。 　（1）使用棘轮扳手、接杆、M10 套筒，安装调整支架的两个固定螺栓，紧固力矩为（20±2）N·m。	（2）粗略摆正调整支架，使用棘轮扳手、M10 套筒预紧固调整螺栓，要求调整支架的安装平面与地面垂直。

安装平面

2. 安装毫米波雷达固定支架。

　　将支架放置到位，安装两颗调整螺栓，并使用 M10 开口扳手和 M10 套筒、棘轮扳手预紧固。（注意：以车辆行进方向为标准，毫米波雷达固定支架的单凸耳侧面朝向车辆左侧）

3. 安装毫米波雷达。

　　使用 3 颗固定螺栓，将毫米波雷达正面朝外安装到毫米波雷达固定支架上，固定力矩为（15±2）N·m。

4. 安装毫米波雷达插接器。

注意：插接器安装到位后，需要推上锁止销。

步骤二：毫米波雷达安装角度调整。

1. 调整毫米波雷达的翻滚角。

　　调整毫米波雷达的翻滚角，标准应为 0°±1°。将倾角仪平放到毫米波雷达的上平面，检查翻滚角，将雷达翻滚角调整到标准角度。最后，紧固固定支架的固定螺栓，力矩为（15±2）N·m。

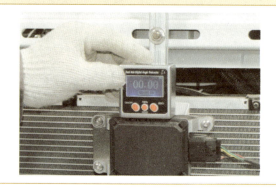

2.调整毫米波雷达的俯仰角。

调整毫米波雷达的俯仰角，标准应为 0°±1°。将倾角仪平放到毫米波雷达的前端面，并与地面垂直，检查俯仰角，将雷达俯仰角调整到标准角度。最后，紧固调整支架的两颗调整螺栓，力矩为（10±2）N·m。

步骤三：安装前保险杠。

按照与拆卸相反的顺序，安装前保险杠，螺栓的紧固力矩请参考维修手册。

（3）任务评价

完成实训任务后，对任务完成情况进行评价。

任务二 毫米波雷达的调试与标定

✎ 任务目标

◇ 了解 CAN 总线的基础知识；

◇ 掌握毫米波雷达所在 CAN 总线的通信协议参数；

◇ 能够解释毫米波雷达标定的目的；

◇ 能够完成毫米波雷达的通信调试；

◇ 能够完成毫米波雷达的标定；

◇ 能够完成毫米波雷达的碰撞区域测试。

情景导入

　　马工程师在一家智能网联汽车研发企业工作，负责智能传感器的装调与测试工作。今天，他的工作是将一个新型毫米波雷达安装到某一型号的智能汽车上，并完成毫米波雷达的装车调试及标定工作，形成调试与标定报告，反馈给研发人员。

　　如果你是马工程师，应该怎样进行规划和操作，高质量地完成自己的工作？

应知应会

一、毫米波雷达的通信方式介绍

　　毫米波雷达通常采用高速 CAN 网络进行通信，将感知数据发送给控制模块。CAN 通信是广泛应用到汽车网络的通信系统，毫米波雷达加装上车后，可以使用原有的 CAN 通信网络，不需要重新配置网络。

1. CAN 总线概述

　　CAN（Controller Area Network）是控制器局域网络的简称，由德国 BOSCH 公司开发，并最终成为国际标准（ISO11898-1）。CAN 总线主要应用于工业控制和汽车电子领域，是国际上应用最广泛的现场总线之一。

　　CAN 总线是一种串行通信协议，能有效地支持具有很高安全等级的分布实时控制。

　　目前在汽车上使用的高速网络系统采用的都是基于 CAN 总线的标准，特别是广泛使用的 ISO11898 国际标准。CAN 总线通常采用屏蔽或非屏蔽的双绞线，总线接口能在极其恶劣的环境下工作。

2. CAN 通信的特性

　　CAN 通信网络，作为汽车上的主要通信方式，具有以下特点：

①数据传输速度相对较高，可达 1 Mbit/s。

②采用差分数据线，抗干扰能力强。

③多主通信模式，大幅减少单点通信线束成本。

④具有错误侦听的自我诊断功能，通信可靠性较高。

（1）多主结构

CAN 总线上可以挂载多个通信节点，节点之间的信号通过总线传输，实现节点间通信，各节点之间没有主从关系，如图 1-18 所示。CAN 通信协议不对节点进行地址编码，而是对数据内容进行编码，因此网络中的节点个数理论上不受限制，只要总线的负载足够即可，可以通过中继器增加负载。

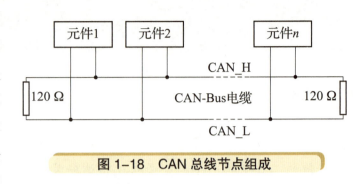

图 1-18　CAN 总线节点组成

（2）CAN 通信机制

在汽车 CAN 总线上，通常由 CAN_H 和 CAN_L 两根线上的电位差来表示 CAN 信号，两条线静态时电平电压均为 2.5 V 左右，此时状态表示为逻辑 1，也被称作隐性；当两条线电平电压值出现差异时，通常 CAN_H=3.5 V 和 CAN_L=1.5 V，此时状态表示为逻辑"0"，也称作显性，CAN 通信波形如图 1-19 所示。即：当差分电压 = 0 V 时，表示逻辑"1"，为隐性；当差分电压 = 2 V 时，表示逻辑"0"，为显性。

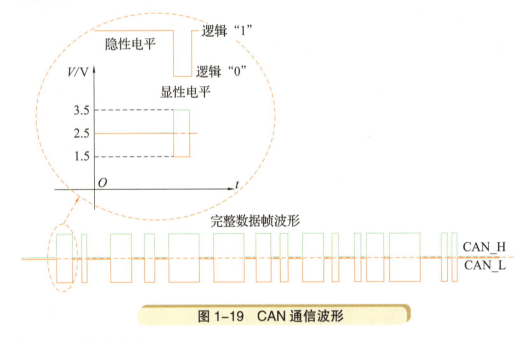

图 1-19　CAN 通信波形

（3）CAN 总线波特率

波特率（Baudrate），指的是串口通信的速率，也就是串口通信时每秒钟可以传输多少个二进制位。波特率以比特 / 秒表示，单位是 bit/s。比如 CAN 总线，如果波特率是 500 kbit/s，表明该 CAN 端口每秒最多可传输 500 000 个二进制位，传输一个二进制位需要的时间是 1/500 000 s，也就是 2 μs。

根据 ISO11898 国际标准规定，CAN 总线上可以支持不同波特率。CAN 总线常用的波特率有 125 kbit/s、250 kbit/s、500 kbit/s、1 000 kbit/s（1 Mbit/s）。其中 500 kbit/s 是汽车高速 CAN 常用的波特率。

CAN 通信调试软件允许用户根据 CAN 总线的需要来设置总线波特率。

二、CAN 总线数据的传输

CAN 总线的报文数据以数据帧的形式，在各节点之间传输，需要按照标准的协议进行。通常汽车上，CAN 通信协议的参数有通道、波特率、工作模式等。为了测试和学习 CAN 数据的传输，可以使用专用设备读取 CAN 总线上的报文数据，即外接一个节点设备，并对这个节点配置 CAN 协议参数，使设备被这路 CAN 总线的协议认可，获得 CAN 总线数据读取权限。

目前 CAN 总线的测试设备有很多种，下面以常见的 CANalyst–Ⅱ分析仪为例，介绍 CAN 总线上的数据读取方法。传统 CANalyst–Ⅱ分析仪的配置参数，如图 1–20 所示。

图 1–20　CAN 设备参数

①设备类型：节点名称用于设置连接的 CAN 分析仪型号。

②设备索引：表示第几个串口设备。

③通道：通常 1 个 CAN 分析仪可支持两路 CAN 通道，即 0 和 1。

④波特率：每秒钟传输的数据位数，单位为 bit/s。

⑤模式：正常模式是指可接收来自总线的消息，也可以向总线发送消息；只听模式是指只接收来自总线的消息，不向总线发送任何消息。

在 CAN 通信测试软件上，完成 CAN 设备参数的正确配置后，即可进行 CAN 数据的接收或发送，如图 1–21 所示。

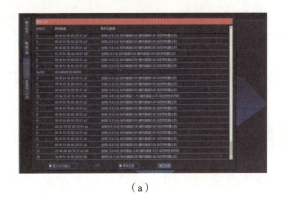 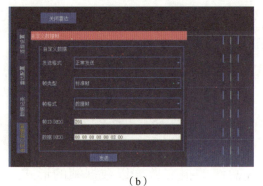

（a）　　　　　　　　　　　　　　（b）

图 1-21　CAN 数据的接收和发送

（a）数据的接收；（b）数据的发送

✎ 技能实训

三、毫米波雷达的调试与标定

1. 毫米波雷达通信调试

（1）任务准备

①操作设备：智能传感器装配调试台架＋智能网联教学车。

②工具／仪器：车内防护装置、车外防护装置。

③人员分工：组长 1 名，记录人员 2 名，检验人员 2 名，操作人员若干，以上人选角色可通过选举、抓阄及教师指定等来担任，通过多个任务的训练，争取让每个学生轮流担任每个角色。

④实训场地：智能网联汽车实训室。

（2）任务实施

实训前，首先确保实训设备连接正确，功能完整，能够正常使用。

毫米波雷达通信调试

（位于"任务工单-毫米波雷达通信调试"二维码上方）

任务工单-毫米波雷达通信调试

实训目的：确认毫米波雷达能够正常通信。	
通信调试前防护	
个人防护：维修人员穿好工装，戴好手套。	整车防护：车内部铺设脚垫、座椅套和转向盘套；车外铺设翼子板和前格栅护罩。

毫米波雷达通信调试

1. 给毫米波雷达系统供电。

踩下制动踏板，将点火开关打到 ON 挡，启动智能网联教学车；打开自动驾驶系统电源开关到 ON 挡。

2. 打开毫米波雷达通信调试软件。

启动智能传感器装配调试台架的工控机；双击工控机桌面上的毫米波雷达测试软件图标，打开软件。

 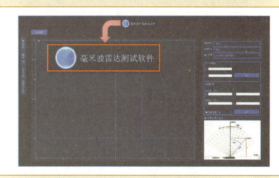

3. 执行毫米波雷达通信调试。

（1）设置 CAN 设备参数。单击"连接设置"按钮，打开连接设置界面。设备类型设置为"CANalyst-Ⅱ"；设备索引设置为"0"；通道设置为"0"；波特率设置为"500 kbit/s"；模式设置为"正常模式"。最后单击"保存"按钮。

（2）单击软件上的"启动雷达"按钮，启动毫米波雷达，开始通信调试。

（3）单击菜单栏的"数据记录"按钮，打开日志窗口，查看毫米波雷达通信数据。

（4）在日志窗口下方，勾选"雷达状态输出"复选框，如果日志窗口出现 ID 为 0x200 的数据，则通信调试成功；否则通信调试失败。

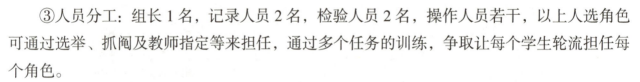

（3）任务评价

完成实训任务后，对任务完成情况进行评价。

2. 毫米波雷达的标定

毫米波雷达的标定

（1）任务准备

①操作设备：智能传感器装配调试台架 + 智能网联教学车。

②工具 / 仪器：角反射器、卷尺、角度尺、定位标识胶带。

③人员分工：组长 1 名，记录人员 2 名，检验人员 2 名，操作人员若干，以上人选角色可通过选举、抓阄及教师指定等来担任，通过多个任务的训练，争取让每个学生轮流担任每个角色。

④实训场地：智能网联汽车实训室。

（2）注意事项

在标定之前，应确保车辆停在水平的地面上，标定过程在一个坐标系下进行描述，车辆左右为侧向（x）、前后为纵向（y）、上下为高度（z），毫米波雷达坐标系原点位于它本体的中心位置，如图 1-22 所示，毫米波雷达的距离标定需要在这个坐标中完成。

任务工单 – 毫米波雷达的标定

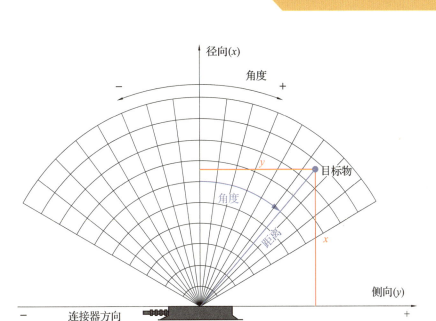

图 1-22 毫米波雷达坐标

〔3〕任务实施

实训前，首先确保实训设备连接正确，功能完整，能够正常使用。

实训目的：确认毫米波雷达的距离探测精度和角度探测精度正常。	
标定前防护	
个人防护：维修人员穿好工装，戴好手套。	整车防护：车内部铺设脚垫、座椅套和转向盘套；车外铺设翼子板和前格栅护罩。

毫米波雷达距离标定	
步骤一：设置参考距离。	
设置 3 m 参考距离。在毫米波雷达的正前方，使用卷尺测量 3 m 的距离，并做好标记。	

步骤二：毫米波雷达距离标定。

1. 选择标定距离。

在"距离标定"选项，选择"3 m"，此时在雷达检测显示页面，将出现红色的 3 m 标定线。

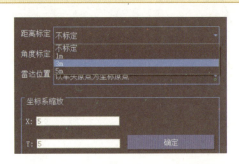
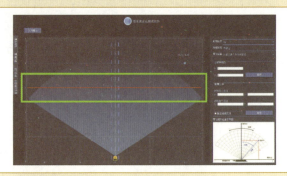

2. 进行毫米波雷达 3 m 标定。

（1）调整角反射器的高度，要求角反射器的中心正对毫米波雷达。

（2）将角反射器放置到 3 m 参考点附近，轻微移动，同时观察软件中的"标定线"。当"标定线"由红色变为蓝色，则停止移动角反射器。

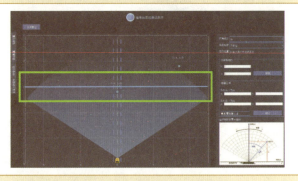

（3）测量角反射器位置与 3 m 参考距离的差距，如偏差在 0.2 m 以内，则表明标定成功。如偏差过大，则需要检查毫米波雷达的安装精度和安装角度。

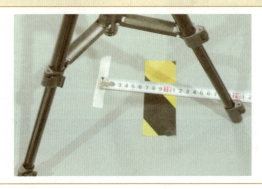

毫米波雷达角度标定

步骤一：设置角度标定参考线。

设置毫米波雷达45°参考线。使用卷尺和角度尺，在距离雷达–45°位置画斜线，在纵向3 m位置做标记。

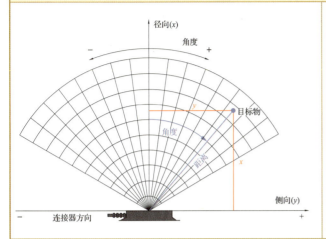

步骤二：毫米波雷达45°角标定。

1. 选择标定角度。

在"角度标定"选项，选择"–45°，纵向3 m"，此时在雷达检测显示页面，将出现红色的45°标定线。

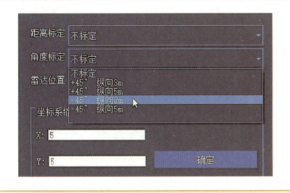
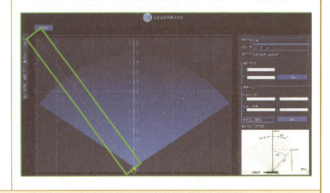

2. 进行超声波雷达–45°标定。

（1）将角反射器放置到–45°参考点附近，轻微移动，同时观察软件中的"标定线"。当目标物位于"标定线"上，且坐标为（–3.0，3.0）时，停止移动角反射器。

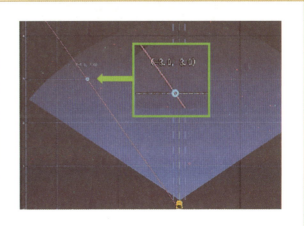

（2）测量角反射器位置与"-45°，纵向 3 m"参考距离的差距，如偏差在 0.2 m，则表明毫米波雷达角度标定成功。如偏差过大，则需要检查毫米波雷达的安装精度和安装角度。

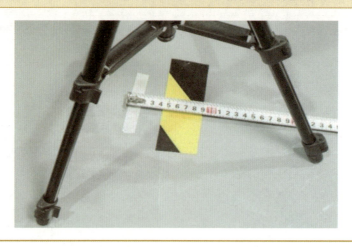

（4）任务评价

完成实训任务后，对任务完成情况进行评价。

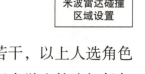

任务工单－毫米波雷达碰撞区域设置

3. 毫米波雷达碰撞区域设置

（1）任务准备

①操作设备：智能传感器装配调试台架＋智能网联教学车。

②工具／仪器：角反射器、胶带、卷尺。

③人员分工：组长 1 名，记录人员 2 名，检验人员 2 名，操作人员若干，以上人选角色可通过选举、抓阄及教师指定等来担任，通过多个任务的训练，争取让每个学生轮流担任每个角色。

④实训场地：智能网联汽车实训室。

（2）任务实施

进行实训前，确认设备连接正确，能够正常使用。

实训目的：指定某片区域为碰撞区域，为自动驾驶制动提供算法需求。	
调试前防护	
个人防护：维修人员穿好工装，戴好手套。	整车防护：车内部铺设脚垫、座椅套和转向盘套；车外铺设翼子板和前格栅护罩。

毫米波雷达碰撞区域设置

步骤一：设置碰撞区域。

　　在毫米波雷达测试软件上，设置碰撞区域的左上顶点坐标为（–3，3），右下顶点坐标为（3，1），勾选"配置碰撞区域"复选框，单击"确定"按钮，设置碰撞区域。

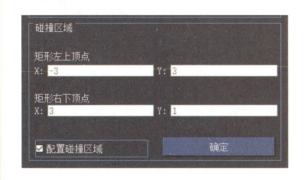
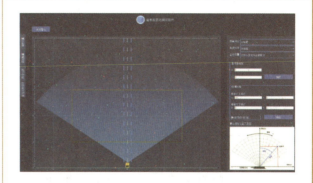

步骤二：碰撞区域测试。

1. 将角反射器放置到毫米波雷达前方碰撞区域外，测试软件上显示的目标物应为蓝色标记。

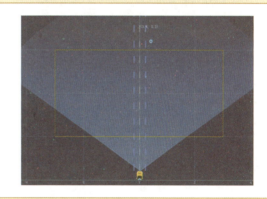

2. 将角反射器放置到毫米波雷达碰撞区域内，测试软件上显示的目标物应为红色标记。

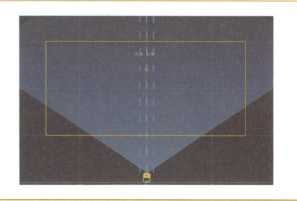

（3）任务评价

　　完成实训任务后，对任务完成情况进行评价。

任务三 毫米波雷达的故障检修

📝 任务目标

◇ 能够识读毫米波雷达电路；

◇ 了解毫米波雷达电路插接器针脚定义；

◇ 熟悉毫米波雷达故障诊断的方法；

◇ 熟练掌握故障诊断的标准流程；

◇ 能够独立完成毫米波雷达通信故障的诊断。

📝 情景导入

小杨在一家智能网联汽车研发企业工作，负责智能传感器的装调与测试工作。今天，他的工作是对出现故障的毫米波雷达进行检测和维修，形成故障诊断报告，反馈给研发人员。

如果你是小杨，应该怎样进行规划和操作，高质量地完成自己的工作？

📝 应知应会

一、毫米波雷达电路识读

如图 1-23 所示，毫米波雷达通过 CAN 网络与计算平台通信，它的工作过程为：打开自动驾驶系统的电源开关，毫米波雷达通电唤醒，当计算平台发送请求信号后，毫米波雷达开始工作，将雷达状态数据和目标物检测数据发送给计算平台。

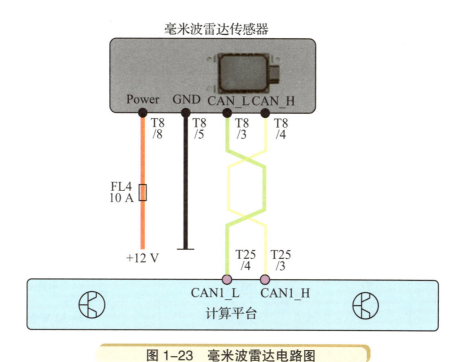

图 1-23　毫米波雷达电路图

二、毫米波雷达插接器针脚介绍

以智能网联教学车为例，毫米波雷达插接件采用 8 Pin 插接器，与之相对的计算平台端采用 25 Pin 插接器，如图 1-24 所示，其插接器使用 4 个有效的端口，即电源正极、电源负极、CAN_H 和 CAN_L。毫米波雷达及计算平台插接器部分针脚定义如表 1-3 所示。

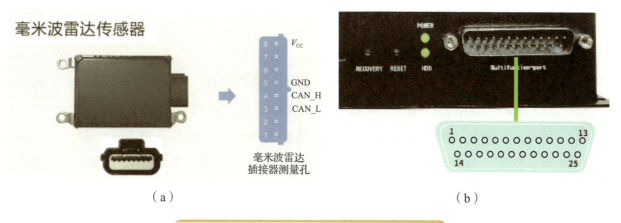

（a）　　　　　　　　　　　　　　　　　　（b）

图 1-24　毫米波雷达插接器连接示意图

（a）毫米波雷达插接器；（b）计算平台插接器

表 1-3　毫米波雷达及计算平台插接器部分针脚定义

插接器	针脚号	针脚名称	功能描述
毫米波雷达插接器	1	NC	未连接
	2	NC	未连接
	3	CAN_L	连接计算平台 CAN1_L
	4	CAN_H	连接计算平台 CAN1_H
	5	GND	接地
	6	NC	未连接
	7	NC	未连接
	8	V_{CC}	8~32 V 直流电
计算平台插接器	3	CAN1_H	连接毫米波雷达 CAN_H
	4	CAN1_L	连接毫米波雷达 CAN_L

 技能实训

三、毫米波雷达故障检修

毫米波雷达 CAN 通信电路故障诊断

（1）任务准备

①操作设备：智能传感器装配调试台架 + 智能网联教学车。

②工具 / 材料：万用表、探针、跨接线、示波器、角反射器。

③人员分工：组长 1 名，记录人员 2 名，检验人员 2 名，操作人员若干，以上人选角色可通过选举、抓阄及教师指定等来担任，通过多个任务的训练，争取让每个学生轮流担任每个角色。

④实训场地：智能网联汽车实训室。

（2）任务实施

①实训前，首先确保实训设备连接正确，功能完整，能够正常使用。

②老师指导学生，使用专用故障设置设备，进行故障设置。

毫米波雷达
CAN 通信电路
故障诊断

任务工单－毫米
波雷达 CAN 通
信电路故障诊断

故障说明：执行自动驾驶测试时，软件启动毫米波雷达后，发现雷达不能探测障碍物。

故障检测前防护

个人防护：维修人员穿好工装，戴好手套。	整车防护：车内部铺设脚垫、座椅套和转向盘套；车外铺设翼子板和前格栅护罩。

故障检修

步骤一：故障再现。

1. 踩下制动踏板，将点火开关打到 ON 挡，启动智能网联教学车；将自动驾驶系统电源开关打到 ON 挡。	2. 打开自动驾驶软件，启动毫米波雷达。 （1）在计算平台桌面，右击鼠标，打开菜单栏，选择"Open-Terminal"，打开终端。

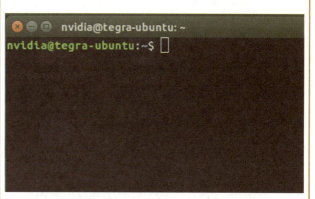

（2）在终端，输入命令"cd SmartCar_v2.0/"，按回车键确认，进入自动驾驶软件 SmartCar_v2.0 文件路径；然后输入命令"./SmartCar"，按回车键确认，打开自动驾驶软件。

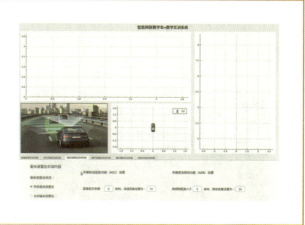

（3）在软件界面，选择"毫米波雷达实训内容"，选中"开启毫米波雷达"单选按钮，启动毫米波雷达。

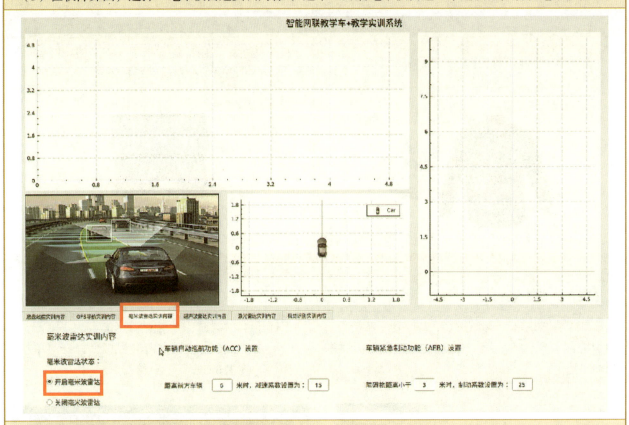

3. 在雷达前方设置角反射器，观察确定毫米波雷达不工作。

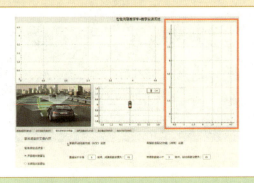

步骤二：故障初步检查。

1. 打开智能传感器装配调试台架的工控机。

（1）将智能传感器装配调试台架连接到智能网联教学车，并连接台架的电源线。

（2）启动智能传感器装配调试台架的工控机。

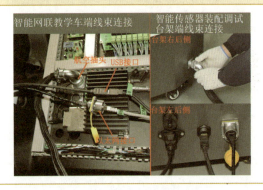

2. 执行毫米波雷达通信调试。

（1）双击毫米波雷达测试软件图标，打开软件。

（2）单击软件上的"开启雷达"按钮，开启毫米波雷达。

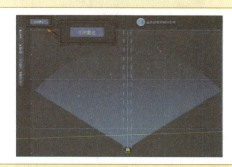

（3）单击"数据记录"按钮，打开日志窗口；在日志窗口下方，勾选"雷达状态输出"复选框，查看能否接收到毫米波雷达数据。经检查"数据记录"日志窗口没有毫米波雷达数据，表明毫米波雷达通信异常。

3. 查看软件 CAN 设备参数设置数据，确认参数设置正确，确定毫米波雷达通信故障。

4. 通过初步检查，发现毫米波雷达无法通信。可能的原因有：①毫米波雷达电源或搭铁线路故障。②毫米波雷达通信线路故障。③毫米波雷达故障。

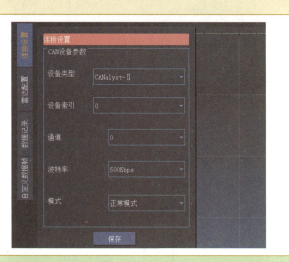

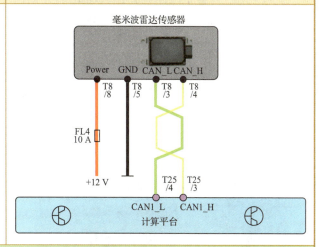

步骤三：故障检测。

1. 根据初步检查的信息，首先测量毫米波雷达的电源是否正常。

将万用表置于电压挡，用红表笔连接雷达 T8/8 号针脚，黑表笔连接搭铁点，测量雷达电源电压。正常值为 9~16 V，而测量值为 13.88 V，可确定毫米波雷达电源正常。

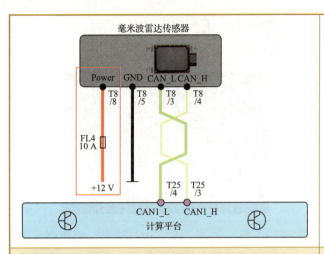

2.毫米波雷达电源正常，因此需要测量毫米波雷达搭铁线路是否正常。	（1）关闭自动驾驶系统电源开关，拔下毫米波雷达插接器。

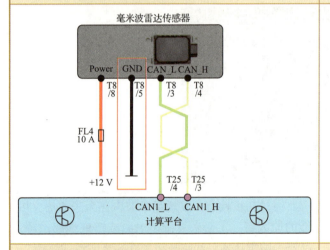

（2）将万用表置于电阻挡，用红黑表笔分别连接 T8/5 号针脚和搭铁点，测量搭铁线的阻值。正常电阻 <1 Ω，而实际测量值为 0 Ω，可确定毫米波雷达搭铁线路正常。	3.毫米波雷达的电源和搭铁都正常，需要测量它的 CAN 通信波形是否正常。首先，测量毫米波雷达传感器端子的 CAN 波形是否正常。

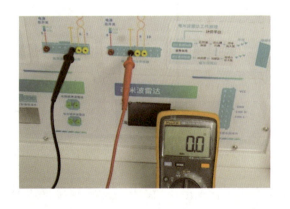

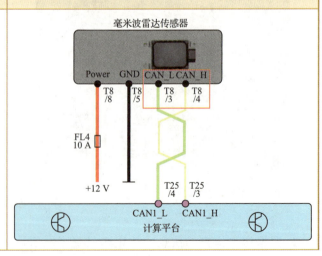

（1）连接毫米波雷达插接器，将自动驾驶系统电源开关打到 ON 挡。

（2）检测雷达 CAN 通信端子波形。

①示波器设置，将示波器 CH1 和 CH2 两通道的"垂直幅度"设置为 1 V/ 格；"水平时间"设置为 20 μs。

 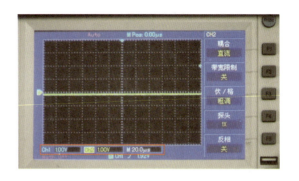

②将两个探针的搭铁夹连接搭铁点，CH1 和 CH2 通道的探针分别连接 T8/4 号针脚（CAN_H）和 T8/3 号针脚（CAN_L），检测波形。

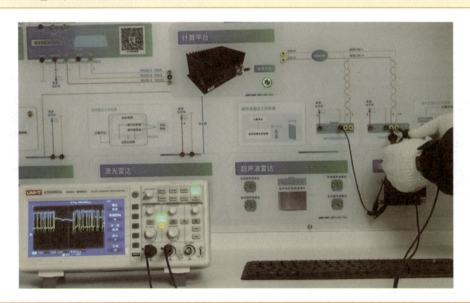

正常波形应为 CAN_L：1.5~2.5 V，CAN_H：2.5~3.5 V；实际测量结果为 CAN_L 波形异常。

正常波形	异常波形

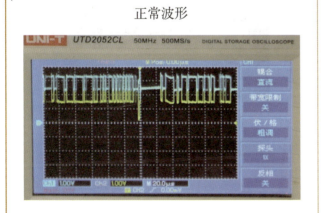 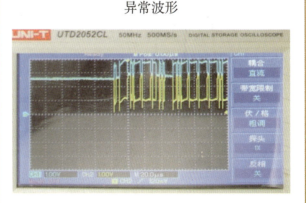

4. 毫米波雷达传感器端 CAN 波形异常，接下来，需要检查计算平台端的 CAN 通信波形是否正常。

将 CH1 和 CH2 通道的探针分别连接 T25/3 号针脚（CAN_H）和 T25/4 号针脚（CAN_L），测量波形。

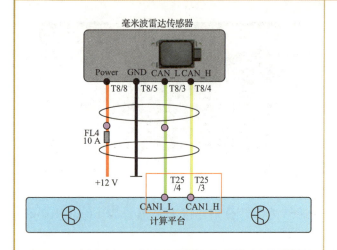

正常波形为 CAN_L：1.5~2.5 V，CAN_H：2.5~3.5 V；实际测量结果为 CAN_L 波形异常。

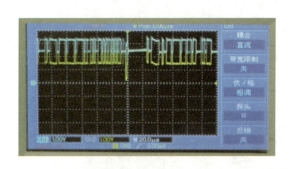

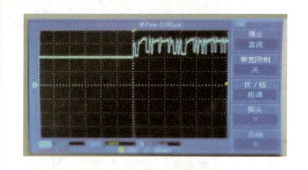

5. 通过波形测量，发现毫米波雷达及计算平台的 CAN_L 波形有差异，判断 CAN_L 线路可能存在故障。因此需测量 CAN_L 线路是否存在故障。

（1）关闭自动驾驶系统电源开关，断开毫米波雷达插接器和计算平台插接器。

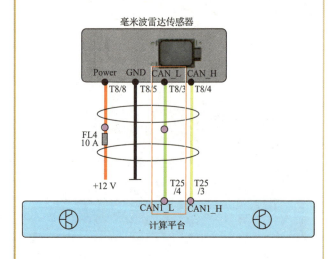

（2）将万用表置于电阻挡，用红黑表笔分别连接 T8/3 号针脚和 T25/4 号针脚，测量毫米波雷达 CAN_L 线路的电阻。正常应 <1 Ω，而实际测量值为 ∞，由此可判断毫米波雷达 CAN_L 线路存在断路故障。

正常值	实际测量值
	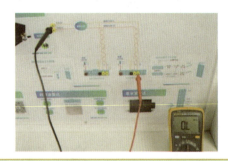

步骤四：故障维修。

维修相关线路，恢复电路连接状态。

步骤五：维修后检查。

1. 踩下制动踏板，将点火开关打到 ON 挡，启动智能网联教学车；将自动驾驶系统电源开关打到 ON 挡。	2. 打开自动驾驶系统软件，启动毫米波雷达，在雷达前方设置角反射器，确定毫米波雷达工作正常。
	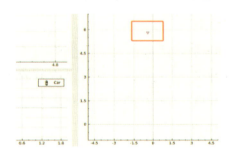

（3）任务评价

完成实训任务后，对任务完成情况进行评价。

项目二

超声波雷达的装调与检修

项目目标 →

知识目标

◇ 了解超声波雷达的结构和工作原理；

◇ 了解超声波雷达的测距原理及分类；

◇ 知晓超声波雷达的应用场景；

◇ 能够识读超声波雷达电路；

◇ 能够熟练应用超声波雷达的诊断方法。

技能目标

◇ 能够独立完成超声波雷达各部件的拆装工作；

◇ 能够独立完成超声波雷达的调试与标定；

◇ 能够独立完成超声波雷达电路故障检修。

素养目标

◇ 通过教材和老师的引导，培养学生热爱学习、善于思考的习惯；

◇ 通过教材实训环节的设置，培养学生团结协作、互帮互助的精神；

◇ 通过实操步骤的练习，培养学生标准操作、规范作业、精益求精的工匠精神；

◇ 通过教材中对安全和质量的阐述，培养学生的质量意识、安全意识、节能环保意识等职业素养。

任务一　超声波雷达的拆装

任务目标

◇ 了解超声波雷达的功能和分类；

◇ 掌握超声波雷达的结构和工作原理；

◇ 熟悉超声波雷达的特点；

◇ 了解超声波雷达的应用场景；

◇ 能够独自完成超声波雷达的拆装。

情景导入

　　小杨在一家智能网联汽车研发企业工作，负责智能传感器的装调与测试工作。今天，他的工作是将一个新型超声波雷达安装到某一型号的智能汽车上，并完成超声波雷达的拆装工作，形成拆装报告，反馈给研发人员。

　　如果你是小杨，需要如何规划工作？

应知应会

一、超声波雷达的功能和分类

Ⅰ. 超声波雷达的功能

　　超声波雷达是采用超声波进行测距的雷达。它是一种仿生传感器，模仿了蝙蝠捕虫和海豚定位的原理，如图2-1所示。早在20世纪，超声波雷达就已经被应用到汽车上。超声波雷达最早被应用到汽车上，是安装在车辆的后方，用于检测汽车后方障碍物，辅助驾驶员倒车，因此，它又被称作倒车雷达。

　　车载超声波雷达发展到现在，已经不局限于安装在车尾，用于倒车辅助；它的应用更加广泛，被安装在车前、车辆的两侧，检测车辆前方和侧方障碍物的距离，它的功能也发生了变化，如图 2-2 所示。安装在车辆前后方的雷达，被称作辅助泊车雷达 –UPA（Ultrasonic Park Assist）雷达；安装在车辆左右侧的雷达，被称作自动泊车辅助雷达 –APA（Active Park Assist）雷达。

图 2-1　超声波在自然界的应用

图 2-2　超声波雷达在汽车上的功能

2　超声波雷达的分类

超声波雷达在智能网联汽车领域主要用于探测距离和范围。根据探测区域的大小，智能网联汽车上常见的超声波雷达有两种，分别为短距离超声波雷达 SRU（Short Range Unit）和长距离超声波雷达 LRU（Long Range Unit），如图 2-3 所示。

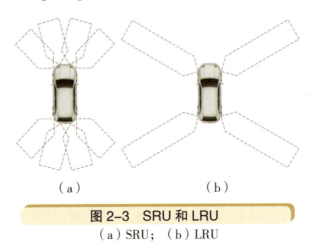

（a）　　　　　　　　（b）

图 2-3　SRU 和 LRU
（a）SRU；（b）LRU

（1）短距离超声波雷达

SRU 安装在汽车前后保险杠上，是用于探测汽车前后障碍物的超声波雷达，探测距离一般为 15~250 cm，称为 PDC 传感器，也称为 UPA 传感器，如图 2-3（a）所示。

（2）长距离超声波雷达

LRU 安装在汽车侧面，是用于测量停车位长度的超声波雷达，探测距离一般为 30~500 cm，也称为 APA 传感器，如图 2-3（b）所示。

通常，一辆汽车上可安装 3~12 个超声波雷达。以 12 个超声波雷达为例，它的安装方式为，前后向共 8 个 UPA 传感器，左右侧共 4 个 APA 传感器，如图 2-4 所示。

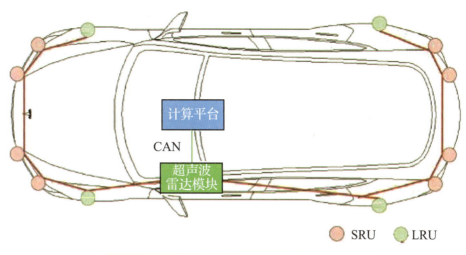

图 2-4　超声波雷达的安装位置

SRU　LRU

二、超声波雷达的结构和工作原理

1. 超声波雷达系统的结构

超声波雷达一般由超声波雷达探头、超声波雷达控制器组成，结构如图 2-5 所示。

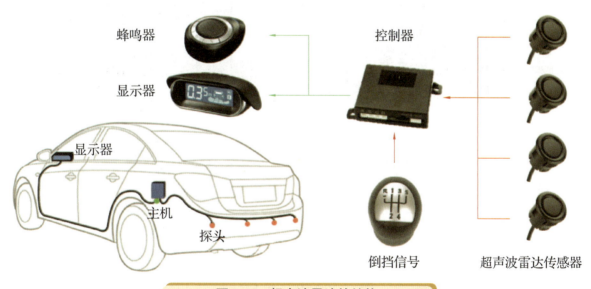

蜂鸣器　控制器

显示器

显示器

主机

探头

倒挡信号　超声波雷达传感器

图 2-5　超声波雷达的结构

（1）超声波雷达探头

超声波雷达探头是发射以及接收超声波信号的装置。它采用金属或塑料外壳，其顶部有屏蔽栅，内部有压电晶片和共振盘，如图 2-6 所示。

超声波雷达探头利用压电晶体的共振来工作。超声波雷达探头内部有两个压电晶片和一个共振盘，当对压电晶片两极施加电压脉冲，且脉冲信号的频率与压电晶片的振荡频率相等时，压电晶片将产生共振并驱动共振盘振动，压电超声发生器产生超声波，此时压电超声发生器就成为超声波发射器；如果两个电极之间没有施加电压，当共振盘接收到超声波时，压电晶片振动，机械能被转换成电信号，此时压电超声发生器就成为超声波接收器，如图 2-7 所示。

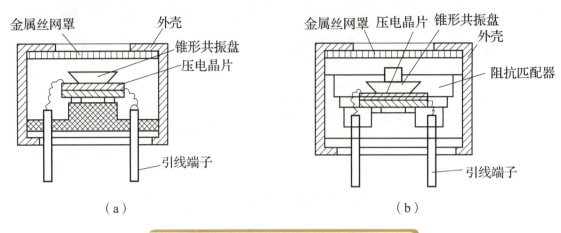

金属丝网罩 　外壳 　锥形共振盘 　压电晶片 　引线端子

金属丝网罩 　压电晶片 　锥形共振盘 　外壳 　阻抗匹配器 　引线端子

（a）　　　　　　　　　　（b）

图 2-6　超声波雷达探头结构

（a）结构一；（b）结构二

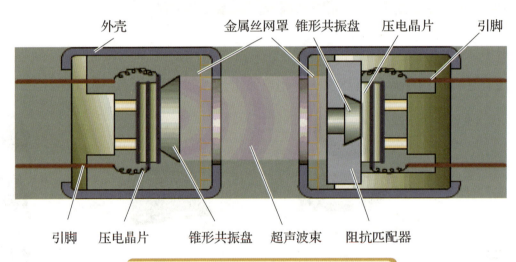

外壳 　金属丝网罩 　锥形共振盘 　压电晶片 　引脚

引脚 　压电晶片 　锥形共振盘 　超声波束 　阻抗匹配器

图 2-7　超声波雷达探头工作原理

超声波雷达利用超声波发射装置向外发射超声波（注意，这种超声波是机械波不是电磁波）；发射超声波后，系统再利用接收器接收反射波，利用发射波和回波的时间差来测算距离。

超声波雷达探头的发射频率一般有 40 kHz、48 kHz 和 58 kHz 三种，它的频率越高，灵敏度越高，探测角度越小。车载短距超声波雷达一般采用 40 kHz 的探头；车载长距超声波雷达采用 48 kHz 的探头。超声波雷达防水、防尘，即使有少量的泥沙遮挡也不影响，超声波雷达的精度较高，比较适合应用于泊车场景。

（2）超声波控制器

超声波控制器是超声波雷达系统的控制装置，它具有控制超声波雷达探头工作及和其他模块通信等功能，它还负责系统故障时的故障存储和上报。控制脉冲调制电路产生一定频率的脉冲，运算处理接收电路送来的信号，换算出距离值后将数据发送给显示器或其他设备。

（3）报警装置

报警装置负责接收控制器传输的距离数据或报警信息，并根据设定的距离值提供不同级别的距离提示和报警信息。

2. 超声波雷达系统的工作原理

超声波雷达的测距原理如图 2-8 所示。发射器发出的超声波脉冲，经媒介（空气）传到障碍物表面，反射后通过空气传到接收器，测出超声波脉冲从发射到接收所需的时间，根据媒介中的声速，从而可求得从探头到障碍物表面之间的距离。设探头到障碍物表面的距离为 L，超声波在空气中的传播速度为 v（约为 340 m/s），从发射到接收所需的传播时间为 t，当发射器和接收器之间的距离远小于探头到障碍物之间的距离时，则有 $L = v \cdot t/2$。只要能测出传播时间，即可求出测量距离。

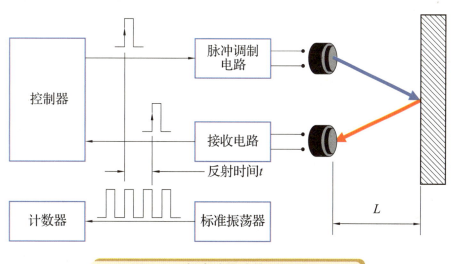

图 2-8　超声波雷达的测距原理

3. 超声波雷达的特点

（1）超声波雷达的优点

①超声波雷达的频率都相对固定，例如车载超声波雷达，频率有 40 kHz、48 kHz 和 58 kHz 等，频率不同，探测的范围也不同。

②超声波雷达结构简单，体积小，成本低，信息处理简单可靠，易于小型化与集成化，并且可以进行实时控制。

③超声波雷达灵敏度较高。

④超声波雷达抗环境干扰能力强，对天气变化不敏感。

⑤超声波雷达可在室内、黑暗中使用。

（2）超声波雷达的缺点

①超声波雷达的测量距离较短。

②在速度很高的情况下测量距离有一定的局限性，这是因为超声波的传输速度较慢，当汽车高速行驶时，使用超声波测距无法跟上汽车的车距实时变化，误差较大。

③探测区域为扇形区域，有盲区。

4. 超声波雷达的应用

超声波雷达安装在汽车上，从早期的倒车雷达，到现在的自动泊车辅助，功能得到了很大的发展，汽车上很多的辅助驾驶功能都使用到倒车雷达。超声波雷达在汽车上的常见应用有：倒车辅助、盲区监测、自动泊车辅助、自动紧急制动、跟车功能等。根据超声波雷达在汽车上应用场景的不同，车辆上超声波雷达的配置个数也有所不同。车载超声波雷达的配置个数通常为3~12个，如图2-9所示。

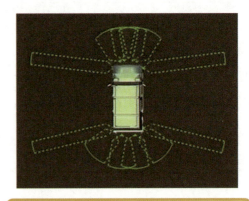

图2-9　超声波雷达的配置个数

（1）倒车辅助

倒车辅助系统也可称为倒车雷达，由超声波雷达探头（俗称探头）、控制器和显示器（一般在仪表台屏幕中显示）、蜂鸣器组成。倒车雷达一般在车尾配备2~4个雷达探头，在倒车时，检测车辆后部的障碍物，如图2-10所示。倒车雷达只有在车辆挂倒挡时工作，车辆正常行驶时，不工作。倒车雷达采用超声波测距原理，在控制器的控制下由传感器发射超声波信号。当遇到障碍时，产生回波信号，传感器接收到回波信号后经控制器进行数据处理，判断出障碍物的位置，由显示器显示距离并发出其他警示信号，从而达到辅助驾驶员驾驶的目的。

（2）盲区监测

超声波雷达也可用作盲区监测，如图2-11所示。它的工作原理是在车辆侧面的视觉盲区位置安装4个超声波雷达，在车辆行驶时，探测车辆两侧盲区近距离目标物，如有碰撞风险，给予驾驶员警告。

图2-10　倒车辅助系统

图2-11　盲区监测

（3）自动泊车辅助

超声波雷达可用于自动泊车辅助系统，如图 2-12 所示。为了更好地达成辅助停车的功能，部分车型的自动泊车辅助系统甚至包含了 8 个 PDC 雷达（用于探测周围障碍物）和 4 个 PLA 雷达（用于测量停车位的长度）。这些超声波雷达可以实时监测车辆与障碍物之间的距离，并把信息反馈给车辆，以帮助车辆及时调整车身姿态和速度，顺利完成自动泊车。

（4）自动紧急制动

超声波雷达可用于自动紧急制动功能，如图 2-13 所示。配备了自动紧急制动功能的车辆，会周期性地获取车辆当前的行驶速度，并根据当前速度、系统中预设的速度阈值以及超声波雷达的信息反馈，来判断车辆与障碍物之间的距离。一旦发现车辆距离前方行人或障碍物距离较近的时候，系统会主动提醒驾驶员，如果驾驶员未做出反应，系统则会主动启动制动系统，确保安全距离。

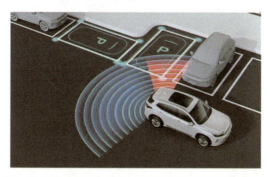

图 2-12　自动泊车辅助

图 2-13　自动紧急制动

技能实训

三、超声波雷达系统的拆装

任务工单 - 超声波雷达的拆装

（1）任务准备

①操作设备：智能网联教学车、举升机。

②工具 / 仪器：螺丝刀套装、棘轮扳手套装。

③人员分工：组长 1 名，记录人员 2 名，检验人员 2 名，操作人员若干，以上人选角色可通过选举、抓阄及教师指定等来担任，通过多个任务的训练，争取让每个学生轮流担任每个角色。

④实训场地：智能网联汽车实训室。

（2）任务实施

参照以下操作步骤进行超声波雷达装配技能训练。

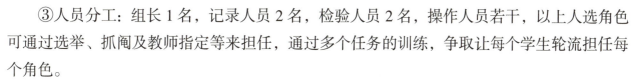

拆装前防护	
个人防护：维修人员穿好工装，戴好手套。	整车防护：车内部铺设脚垫、座椅套和转向盘套；车外铺设翼子板和前格栅护罩。

准备工作	
1.检查确认自动驾驶电源开关处于 OFF 挡。	2.检查确认点火开关处于 OFF 挡。

超声波雷达系统的拆卸

步骤一：前超声波雷达的拆卸。

1.拆卸前保险杠。（拆卸步骤见"项目一"—"任务一"—"技能实训"—"六、毫米波雷达的拆装"—"毫米波雷达的拆卸"—"步骤一：拆卸前保险杠"）

2.拆卸超声波雷达。 （1）依次断开 4 个超声波雷达的插接器。	（2）依次取下 4 个超声波雷达。将零件放置归位，至此前超声波雷达拆卸完成。
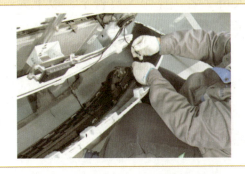	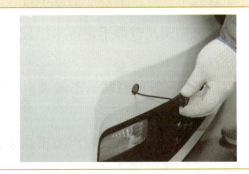

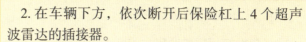

步骤二：后超声波雷达的拆卸。

1.将车辆举升到高位。	2.在车辆下方，依次断开后保险杠上4个超声波雷达的插接器。
	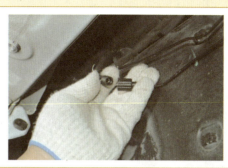
3.依次在后保险杠上取下4个超声波雷达，放置到零件车上。	4.将举升机落到低位，至此超声波雷达探头拆卸完毕。

步骤三：超声波雷达模块的拆卸。

1.将超声波雷达模块上的8个超声波雷达插接器依次编号，然后断开8个超声波雷达插接器。	2.断开超声波雷达模块的通信插接器。
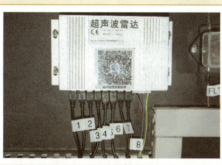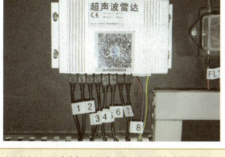	

3.使用螺丝刀拆卸超声波雷达控制器的4颗固定螺栓，取下超声波雷达控制器，放到零件车上。至此超声波雷达的拆卸完成。

超声波雷达系统的安装

步骤一：前超声波雷达的安装。

按照与拆卸相反的顺序，安装4个前超声波雷达。固定螺栓紧固力矩为（7±2）N·m。

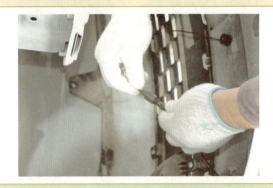

步骤二：后超声波雷达的安装。

按照与拆卸相反的顺序，安装4个后超声波雷达。

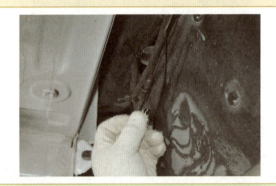

步骤三：超声波雷达模块的安装。

按照与拆卸相反的顺序，安装超声波雷达模块。

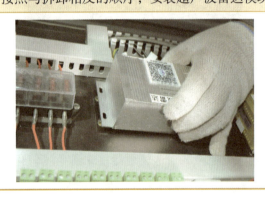

（3）任务评价

完成实训任务后，对任务完成情况进行评价。

任务二　超声波雷达的调试与标定

任务目标

◇ 掌握超声波雷达所在 CAN 总线的通信协议参数；

◇ 理解超声波雷达标定的目的；

◇ 能够独立完成超声波雷达的通信调试；

◇ 能够独立完成超声波雷达的标定。

情景导入

　　小杨在一家智能网联汽车研发企业工作，负责智能传感器的装调与测试工作。今天，他的工作是将一个新型超声波雷达安装到某一型号的智能汽车上，并完成超声波雷达的装车调试及标定工作，形成调试与标定报告，反馈给研发人员。

　　假如你是小杨，能否经过下面的学习，胜任这份工作？

应知应会

一、超声波雷达通信方式介绍

　　超声波雷达通常采用高速 CAN 网络进行通信，将感知数据发送给控制模块。CAN 网络的通信原理见"项目一"—"任务二"—"应知应会"—"一、毫米波雷达的通信方式介绍"。

二、超声波雷达数据的传输

　　超声波雷达采用 CAN 网络通信，CAN 通信配置的内容和方法，详见"项目一"—"任务二"—"应知应会"—"二、CAN 总线数据的传输"。智能网联教学车超声波雷达测试软件通信配置的参数有以下几个，如图 2-14 所示。

①设备类型：设置 CAN 分析仪型号。

②设备索引：表示第几个串口设备。

③通道：通常 1 个 CAN 分析仪可支持两路 CAN 通道，即 0 和 1。

④波特率：每秒钟传输的数据位数，单位为 bit/s。

⑤模式：正常模式是指可接收来自总线的消息也可以向总线发送消息；只听模式是指只接收来自总线的消息，不向总线发送任何消息。

图 2-14　CAN 设备参数

在超声波雷达测试软件上，完成 CAN 设备参数的正确配置后，即可进行超声波雷达与上位机的通信，完成超声波的启动与关闭、数据的收发等工作。超声波雷达数据的接收如图 2-15 所示。

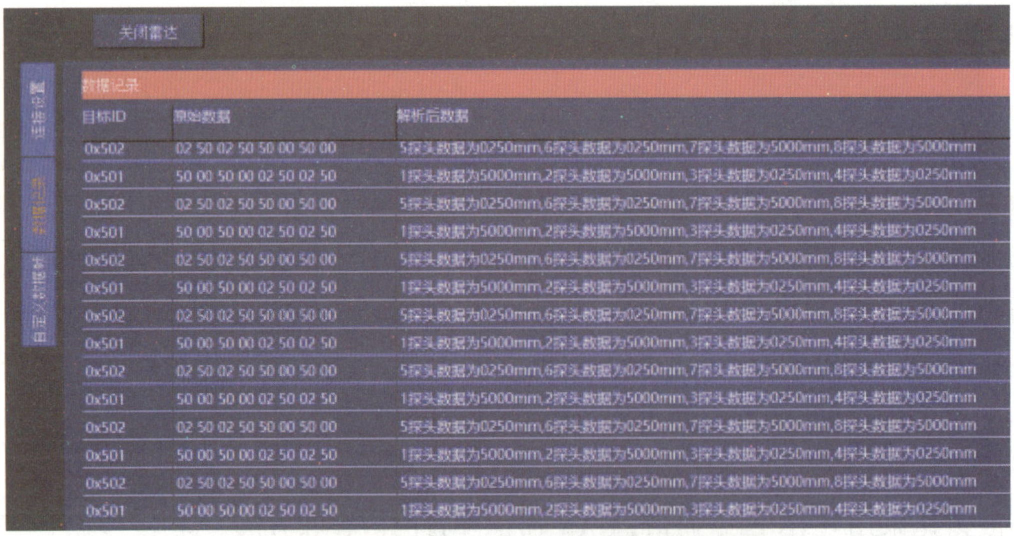

图 2-15　超声波雷达数据的接收

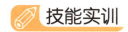技能实训

三、超声波雷达的调试与标定

1. 超声波雷达通信调试

（1）任务准备

①操作设备：智能传感器装配调试台架＋智能网联教学车。

②工具/仪器：车内防护装置、车外防护装置。

③人员分工：组长1名，记录人员2名，检验人员2名，操作人员若干，以上人选角色可通过选举、抓阄及教师指定等来担任，通过多个任务的训练，争取让每个学生轮流担任每个角色。

④实训场地：智能网联汽车实训室。

超声波雷达通信调试

（2）任务实施

实训前，首先确保实训设备连接正确，功能完整，能够正常使用。

任务工单－超声波雷达通信调试

实训目的：确认超声波雷达能够正常通信。	
通信调试前防护	
个人防护：维修人员穿好工装，戴好手套。	整车防护：车内部铺设脚垫、座椅套和转向盘套；车外铺设翼子板和前格栅护罩。

超声波雷达通信调试	
1. 给超声波雷达系统供电。 踩下制动踏板，将点火开关打到 ON 挡，启动智能网联教学车。将自动驾驶系统电源开关打到 ON 挡。	
	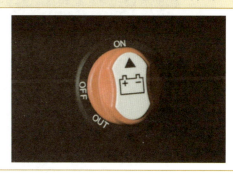

2. 打开超声波雷达调试软件。

启动智能传感器装配调试台架的工控机；双击工控机桌面的超声波雷达测试软件图标，打开软件。

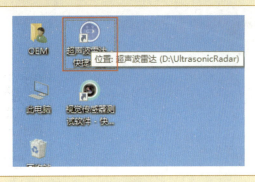

3. 执行超声波雷达通信调试。

（1）设置 CAN 设备参数。单击"连接设置"按钮，打开连接设置界面。设备类型设置为"CANalyst-Ⅱ"；设备索引设置为"0"；通道设置为"0"；波特率设置为"500 kbit/s"；模式设置为"正常模式"，最后单击"保存"按钮。

（2）单击"启动按钮"，启动超声波雷达。

（3）单击菜单栏的"数据记录"按钮，打开日志窗口。

（4）在日志窗口下方，勾选"雷达状态输出"复选框。如果日志窗口出现 ID 为 0x501 的数据，则通信调试成功；否则超声波雷达通信调试失败。

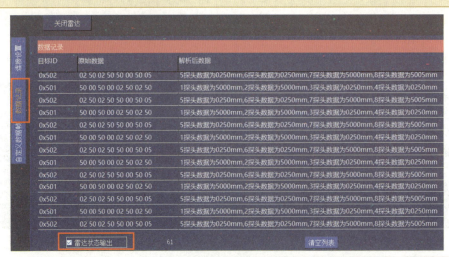

（3）任务评价

完成实训任务后，对任务完成情况进行评价。

2. 超声波雷达距离标定

超声波雷达距离标定用于检测雷达的正前方探测精度。其操作方法是，在车辆前方测量标准距离，在标准距离上放置目标物，用雷达测量，以检查出雷达的测距精度。通常超声波雷达的距离标定距离设定为 1 m、3 m。分别对①~④号四个超声波雷达的距离测量进行标定，如图 2-16 所示。

在标定之前，应确保车辆停在水平的地面上，标定过程中通常处于一个坐标系下进行描述，车辆左右为侧向（x）、前后为纵向（y），超声波雷达坐标系原点位于它本体的中心位置，如图 2-16 所示。

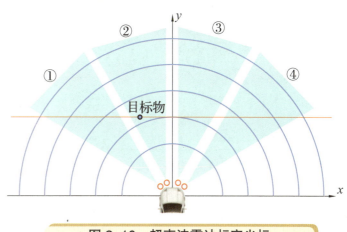

图 2-16　超声波雷达标定坐标

（1）任务准备

①操作设备：智能传感器装配调试台架＋智能网联教学车。

②工具／仪器：角反射器、卷尺、定位标识、胶带。

③人员分工：组长 1 名，记录人员 2 名，检验人员 2 名，操作人员若干，以上人选角色可通过选举、抓阄及教师指定等来担任，通过多个任务的训练，争取让每个学生轮流担任每个角色。

④实训场地：智能网联汽车实训室。

（2）任务实施

实训前，首先确保实训设备连接正确，功能完整，能够正常使用。

实训目的：确认超声波雷达的距离探测精度正常。	
标定前防护	
个人防护：维修人员穿好工装，戴好手套。	整车防护：车内部铺设脚垫、座椅套和转向盘套；车外铺设翼子板和前格栅护罩。

超声波雷达距离标定

步骤一：设置标定距离。（以车辆前方 8 号雷达标定为例，进行超声波雷达的距离标定；以 1 m 距离标定为例，展示标定过程）

设置 1 m 标定距离。在 8 号超声波雷达的正前方，使用卷尺测量 1 m 的距离，并做好标记。

步骤二：超声波雷达 1 m 距离标定。

1. 选择标定的雷达及标定距离。

在测试软件上，在"雷达标定"菜单栏的"选择雷达"中选择"8 号雷达"；在"距离标定"中选择"1 m"，此时在雷达检测区域，将出现红色的 1 m 标定线。

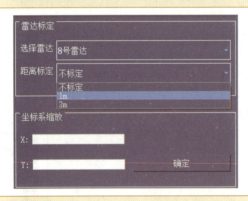 

2. 进行超声波雷达 1 m 距离标定。

（1）调整角反射器的高度，要求角反射器的中心正对超声波雷达。

（2）将角反射器放置到 1 m 参考点附近，轻微移动，同时观察软件中的"目标物"，当目标物位于红色参考线，且红色参考线变成蓝色时，停止移动角反射器。

（3）测量角反射器与 1 m 参考距离的差距，如偏差在 0.1 m 以内，表明 1 m 标定成功。如偏差过大，则需要检查超声波雷达是否安装正确。

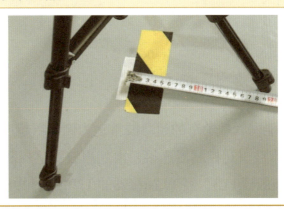

（3）任务评价

完成实训任务后，对任务完成情况进行评价。

任务三　超声波雷达的故障检修

✎ 任务目标

◇ 能够识读超声波雷达电路；

◇ 了解超声波雷达电路插接器针脚功能；

◇ 掌握超声波雷达故障诊断的方法；

◇ 熟悉故障诊断的标准流程；

◇ 能够独立完成超声波雷达故障的诊断。

情景导入

　　小杨在一家智能网联汽车研发企业工作，负责智能传感器的装调与测试工作。今天，客户反映"高级驾驶辅助系统 ADAS 存在故障"，其中盲点监测（BSM）、自动泊车（APA）功能受限不可使用。他的工作是，对出现故障的超声波雷达进行检测和维修，形成故障诊断报告，反馈给研发人员。

　　下面我们了解下，想要胜任以上工作，都需要具备哪些技能？

应知应会

一、超声波雷达电路识读

　　如图 2-17 所示，以智能网联教学车的超声波雷达为例介绍超声波雷达电路。超声波雷达探头通过专用插接器与超声波雷达控制器连接，由超声波雷达控制器控制工作。超声波雷达控制器由常电电源"10 A 熔断器 FL3"经 T7 插接器的 T7/1 针脚供电；由 T7/5 针脚与车身搭铁连接提供负极回路；由针脚 T7/7 和 T7/6 连接至计算平台的 CAN_H 和 CAN_L 接口进行通信。它的工作过程为：打开自动驾驶开关到 ON 挡，超声波雷达控制器通电工作，控制超声波雷达探头，测量车辆前后方障碍物的距离；并将这些数据通过 CAN 网络传输给计算平台。

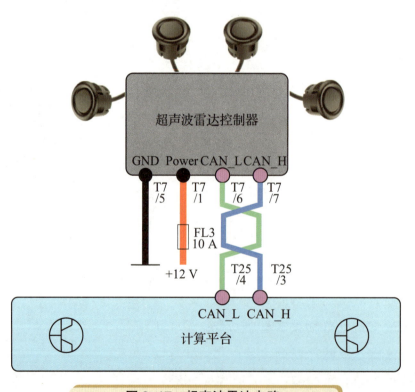

图 2-17　超声波雷达电路

二、超声波雷达插接器针脚介绍

超声波雷达电路的主要插接器有超声波雷达插接器 T7 和计算平台插接器 DB-25，如图 2-18 所示。

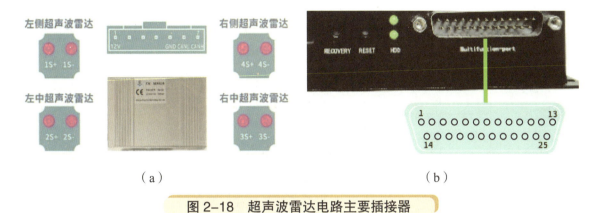

（a）　　　　　　　　　　　　　（b）

图 2-18　超声波雷达电路主要插接器
（a）超声波雷达插接器；（b）计算平台插接器

如图 2-19 所示，超声波雷达插接器分为左右两个区域，其中左区共 8 个插接器插座，用于插接 8 个超声波雷达探头的电源 / 信号线，每个插接器分为 S- 和 S+ 两个针脚；右区为超声波雷达控制器与其他设备连接的插接器，共 7 个针脚，如表 2-1 所示。计算平台端 CAN 接口通信端子定义见"项目一"—"任务三"—"应知应会"—"二、毫米波雷达插接器针脚介绍"—"表 1-3"所示。

1S- 1S+

8S- 8S+　　12 V　　CAN_H
　　　　　　GND CAN_L

图 2-19　超声波雷达插接器接口

表 2-1 超声波雷达插接器针脚定义

插接器	针脚号	定义	颜色
T7	1	电源 +12 V 输入	红色线
	5	电源负极	蓝色线
	6	CAN_L	绿色线
	7	CAN_H	黄色线
1 号雷达	1	S−：超声波雷达负极或电源地	—
	2	S+：超声波雷达正极	—
2 号雷达	1	S−：超声波雷达负极或电源地	—
	2	S+：超声波雷达正极	—
3 号雷达	1	S−：超声波雷达负极或电源地	—
	2	S+：超声波雷达正极	—
4 号雷达	1	S−：超声波雷达负极或电源地	—
	2	S+：超声波雷达正极	—
5 号雷达	1	S−：超声波雷达负极或电源地	—
	2	S+：超声波雷达正极	—
6 号雷达	1	S−：超声波雷达负极或电源地	—
	2	S+：超声波雷达正极	—
7 号雷达	1	S−：超声波雷达负极或电源地	—
	2	S+：超声波雷达正极	—
8 号雷达	1	S−：超声波雷达负极或电源地	—
	2	S+：超声波雷达正极	—

 技能实训

 三、超声波雷达的故障检修 ≫

超声波雷达电源故障诊断

1. 超声波雷达电源故障诊断

（1）任务准备

①操作设备：智能传感器装配调试台架 + 智能网联教学车。

②工具 / 材料：万用表、探针、跨接线。

③人员分工：组长 1 名，记录人员 2 名，检验人员 2 名，操作人员若干，

任务工单 – 超声波雷达电源故障诊断

以上人选角色可通过选举、抓阄及教师指定等来担任，通过多个任务的训练，争取让每个学生轮流担任每个角色。

④实训场地：智能网联汽车实训室。

（2）任务实施

①实训前，首先确保实训设备连接正确，功能完整，能够正常使用。

②老师指导学生，使用专用故障设置设备进行故障设置。

故障说明：执行自动驾驶测试时，软件启动超声波雷达后，发现雷达不能探测障碍物。	
故障检测前防护	
个人防护：维修人员穿好工装，戴好手套。	整车防护：车内铺设脚垫、座椅套和转向盘套；车外铺设翼子板和前格栅护罩。

故障检修	
步骤一：故障再现。	
1.踩下制动踏板、将点火开关打到 ON 挡，启动智能网联教学车；将自动驾驶系统电源开关打到 ON 挡。	2.打开自动驾驶系统软件（见"项目一"—"任务三"—"技能实训"—"三、毫米波雷达故障检修"—"步骤一：故障再现"）。
	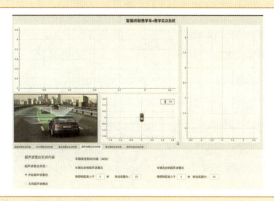
3.启动超声波雷达，在超声波雷达前方设置角反射器，确定所有雷达不工作。	
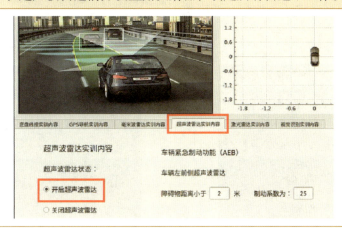	

步骤二：故障初步检查。

1. 打开智能传感器装配调试台架的工控机。

（1）将智能传感器装配调试台架连接到智能网联教学车，并连接台架的电源线。

（2）启动智能传感器装配调试台架的工控机。

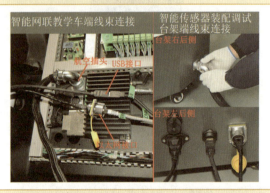

2. 打开超声波雷达测试软件。双击超声波雷达测试软件图标，打开软件。

3. 执行超声波雷达通信调试，查看通信是否正常。

（1）单击软件上的"开启雷达"按钮，开启超声波雷达。

（2）单击"数据记录"按钮，打开日志窗口；在日志窗口下方，勾选"雷达状态输出"复选框，查看能否接收到 ID 为 501 的超声波雷达数据。若日志窗口没有超声波雷达数据，表明超声波雷达通信异常。

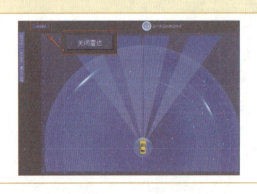

（3）查看软件CAN设备参数设置数据，确认参数都正常，确定是超声波雷达通信故障。

（4）通过初步检查，发现超声波雷达无法通信。可能的原因有：①超声波雷达控制器电源或搭铁线路故障。②超声波雷达控制器通信线路故障。③超声波雷达控制器故障。

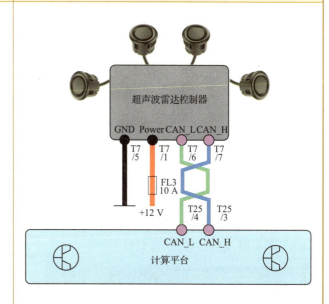

步骤三：故障检测。

1.根据初步检查的信息，首先测量超声波雷达的电源是否正常。

将万用表置于电压挡，用红表笔连接超声波雷达T7/1号针脚，黑表笔连接搭铁点，测量雷达电源电压。正常值为9~16 V，而测量值为0.005 V，可确定超声波雷达的电源异常。

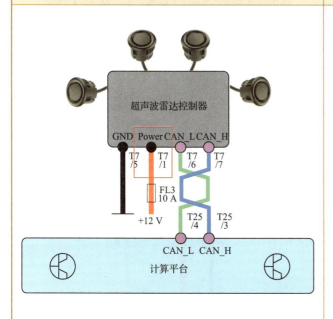

2.由于超声波雷达模块电源异常，因此需要测量供电端的FL3熔断器是否正常。

（1）将自动驾驶电源开关打到OFF挡，拔下FL3熔断器。

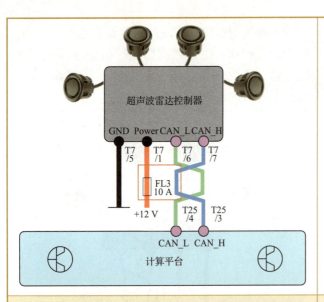

（2）将万用表置于电阻挡，用红黑表笔分别连接熔断器的两端，测量熔断器的阻值。正常电阻 <1 Ω，而实际测量值为 0.3 Ω，可确定 FL3 熔断器正常。

（3）检测熔断器的供电电源是否正常。
①将自动驾驶电源开关打到 ON 挡。

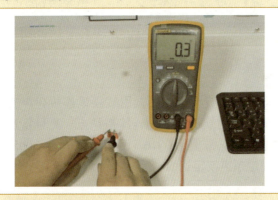

②将万用表置于电压挡，用红表笔连接 FL3-1 号针脚，黑表笔连接搭铁点，测量熔断器供电电源。正常电压为 9~16 V，而实际测量值为 14.09 V，可确定 FL3 熔断器供电电源正常。

3. FL3 熔断器供电电源正常，需测量熔断器到超声波雷达电源端子间的线路是否正常。

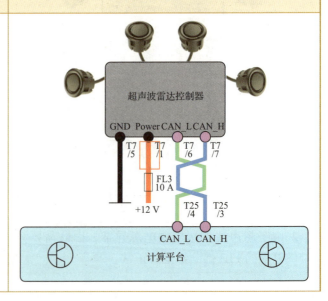

（1）将自动驾驶电源开关打到 OFF 挡，拔下超声波雷达控制器的 T7 插接器。

（2）将万用表置于电阻挡，用红黑表笔分别连接超声波雷达控制器 T7/1 号针脚和熔断器 FL3-2 号针脚，测量线路的电阻。正常电阻 <1 Ω，而实际测量值为 ∞，可确定超声波雷达供电线路故障。

步骤四：故障维修。

维修相关线路，恢复电路连接状态。

步骤五：维修后检查。

1. 踩下制动踏板，将点火开关打到 ON 挡，启动智能网联教学车；将自动驾驶系统电源开关打到 ON 挡。

2. 打开自动驾驶系统软件，启动超声波雷达，在雷达前方设置角反射器，确定超声波雷达工作正常。

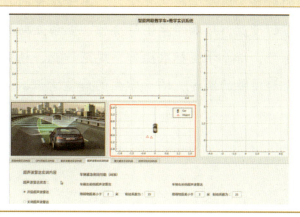

（3）任务评价

完成实训任务后，对任务完成情况进行评价。

项目三
组合导航系统的装调与检修

项目目标 →

知识目标

◇ 理解组合导航系统的工作原理;

◇ 熟悉组合导航系统的定位原理及优缺点;

◇ 熟悉组合导航系统的技术参数。

技能目标

◇ 能够熟练使用组合导航系统安装时所需的工具;

◇ 能够熟练使用仪器设备进行组合导航系统的品质检测;

◇ 能够独立完成组合导航系统安装并牢记注意事项。

素养目标

◇ 通过教材和老师的引导,培养学生热爱学习、善于思考的习惯;

◇ 通过教材实训环节的设置,培养学生团结协作、互帮互助的精神;

◇ 通过实操步骤的练习,培养学生标准操作、规范作业、精益求精的工匠精神;

◇ 通过教材中对安全和质量的阐述,培养学生的质量意识、安全意识、节能环保意识等职业素养。

任务一 组合导航系统的拆装

任务目标

◇ 了解组合导航系统的功能和分类；

◇ 掌握组合导航系统的结构和工作原理；

◇ 熟悉组合导航系统的特点及应用场景；

◇ 能够独自完成组合导航系统的拆装。

情景导入

　　小杨在一家智能网联汽车研发企业工作，负责智能传感器的装调与测试工作。今天，他的工作是在某型智能网联汽车上进行组合导航系统的装配、调试、故障检修等工作，形成相应报告，反馈给研发人员。

　　如果你是小杨，对自己的工作有何规划？面对这个岗位，还有何欠缺？需要进行哪些学习，才能胜任这份工作？

应知应会

一、组合导航系统概述

1. 组合导航系统的定义

　　如图 3-1 所示，组合导航系统是指将两种或两种以上的导航技术组合后的系统。

图 3-1　组合导航系统的结构

2 组合导航系统的种类

目前组合导航系统技术主要包括以下几种类型。

（1）惯性－卫星组合导航系统

该组合是卫星导航＋惯性导航的定位组合。该组合的工作方式是，当 GNSS 信号很强的时候，使用 GNSS 信号做定位；当 GNSS 信号被遮挡时，采用 IMU 惯性导航来定位；IMU 的起始定位精度，由 GNSS 信号实时修正，从而达到在任何环境下，实现精准导航的功能。智能网联汽车通常采用 GNSS+IMU 的组合导航。GNSS（卫星导航）的定位精度高，覆盖范围大，只要有卫星信号，在世界任何地方都能够定位。不过，卫星导航有一个很大的缺点，它的信号容易被高楼、树木遮挡，在隧道或地下车库中，完全没有信号。IMU 惯性导航系统是基于运动传感器计算其位置的航位推算型导航系统。一旦建立初始纬度和经度，系统将通过惯性元件测算物体的姿态和加速度，能够连续准确地计算当前纬度和经度。它的优点是，一旦设置了起始位置，就不需要外部信息，不会受到外部条件的影响。其缺点在于误差是累积的，误差以与初始位置输入以来的时间大致成比例的速率增加。

卫星导航和惯性导航的典型特点，造成它们单独使用是无法满足智能驾驶汽车对导航系统的要求的。采用组合导航技术将卫星导航与惯性导航结合起来，就能够摒弃它们的缺点，结合它们的优点，提升导航的精度和稳定性。卫星导航＋惯性导航，这种组合方案对于智能网联汽车来说，是一种最佳的组合方案。此组合方案，又称为"惯性组合导航系统"。其性能、成本和体积均能满足无人驾驶汽车对导航技术的要求。

（2）惯性－多普勒组合导航系统

结合多普勒效应进行导航，适用于需要精确速度测量的应用场景。

（3）惯性－天文组合导航系统

利用天文观测数据（如星星的位置）来辅助惯性导航系统，适用于长时间无卫星信号的环境。

（4）惯性－卫星－雷达组合导航系统

结合了惯性测量单元（IMU）、卫星定位系统和雷达技术，适用于需要高精度定位和导航的应用场景。

（5）惯性－卫星－红外组合导航系统

在惯性－卫星组合导航的基础上增加了红外传感器，适用于需要红外信号辅助的环境，如夜间或视线受阻的情况。

二、组合导航系统的结构

以车载惯性－卫星组合导航系统为例。组合导航系统主要由组合导航主控制单元（ECU）、GNSS 全球导航卫星系统控制单元、IMU 惯性导航控制单元等组成，另外为了智能网联汽车实现精准导航，还需要配备实现差分定位信号的无线传输系统——DTU 模块及 DTU 天线。

1. 卫星导航系统

（1）卫星导航系统的定义

全球卫星导航系统（Global Navigation Satellite System，GNSS）是能在地球表面或近地空间的任何地点为用户提供全天候的三维坐标和速度以及时间信息的空基无线电导航定位系统，一般民用导航精度能够精确到米级，目前已广泛应用于各种领域。常见系统有中国的北斗卫星导航系统（BDS）、俄罗斯的格洛纳斯卫星导航系统（GLONASS）、美国的全球定位系统（GPS）和欧盟的伽利略卫星导航系统（GALILEO）四大卫星导航系统，如图 3-2 所示。

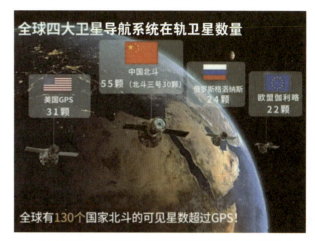

图 3-2　全球四大卫星导航系统

（2）卫星导航系统的种类

①北斗卫星导航系统。北斗卫星导航系统（BDS）是我国自主研发的卫星导航系统。它由 55 颗卫星组成，定位精度达到米级，能够军民两用。北斗卫星导航的特性是能在任何时间、任何地点为用户确定其所在的地理经纬度和海拔。BDS 在定位性能上有所创新，不仅能使用户知道自己所在的位置，还可以向别人发送自己的位置，特别适用于需要导航与移动数据通信的场所，如图 3-3 所示。

②格洛纳斯卫星导航系统。GLONASS 是俄罗斯国家的导航系统，属于军民两用的导航系统，如图 3-4 所示。格洛纳斯卫星导航系统在高纬度地区的定位精度较高，在高纬度地区，它的定位精度优于 GPS 导航系统。

图 3-3　北斗卫星导航系统

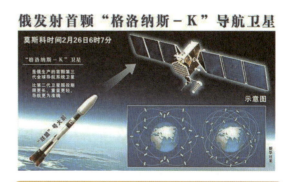

图 3-4　格洛纳斯卫星导航系统

③伽利略卫星导航系统。GALILEO 是由欧盟研制和建立的全球卫星导航定位系统，

专门用于民用。卫星轨道位置比 GPS 略高，它的定位精度很高，定位误差不超过 1 m，如图 3-5 所示。

④ GPS 全球卫星定位系统。GPS 是由美国国防部建设的基于卫星的无线电导航定位系统。它能连续为世界各地的陆海空用户提供精确的位置、速度和时间信息，其最大优势是覆盖全球，全天候工作，可以为高动态、高精度平台服务，目前得到普遍应用。GPS 是军民两用的卫星导航系统，如图 3-6 所示。

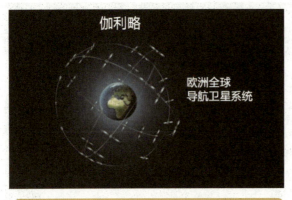

图 3-5 伽利略卫星导航系统

图 3-6 GPS 全球卫星定位系统

（3）卫星导航系统的组成

世界四大卫星导航系统的结构相似，下面以 GPS 全球卫星定位系统介绍导航系统的结构。GPS 定位系统由空间部分、地面控制部分、用户设备部分组成，如图 3-7 所示。

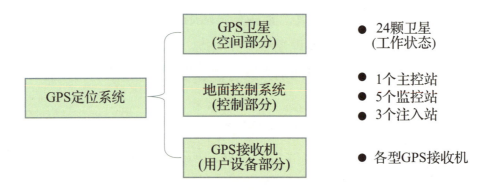

图 3-7 GPS 卫星定位系统的结构

① 空间部分。GPS 的空间部分是由 31 颗卫星组成的，其中 24 颗卫星处于工作状态，其他卫星为备用卫星，这些卫星位于距地表 20 200 km 的上空，分布在 6 条角度互隔 60° 的轨道上，如图 3-8 所示，运行周期约为 12 h。

② 地面控制系统。地面控制系统负责收集由卫星传回的信息，并计算卫星星历、相对距离、大气校正等数据。

地面控制系统由分布在全球的由若干个跟踪站组成的监控系统所构成，根据其作用的不同，这些跟踪站又被分

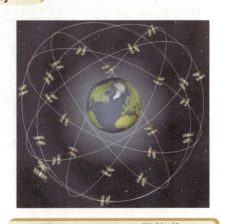

图 3-8 GPS 卫星轨道

为主控站、监控站和注入站。GPS 地面控制系统的结构及工作流程如图 3-9 所示。

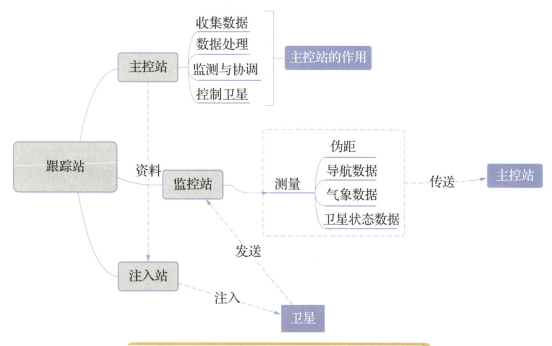

图 3-9　GPS 地面控制系统的结构及工作流程

③GPS 接收机。GPS 接收机由接收天线、数据处理软件及相应的用户设备（计算机、手机、气象仪器）等组成。它接收 GPS 卫星所发出的信号，利用这些信号进行导航定位等工作，如图 3-10 所示。

图 3-10　GPS 接收机定位场景

（4）卫星导航定位原理

现今世界上的四大卫星定位系统，都是采用三星定位原理，实现目标物体的定位。下面以较常见的 GPS 卫星定位系统为例，介绍卫星导航的定位原理，如图 3-11 所示。

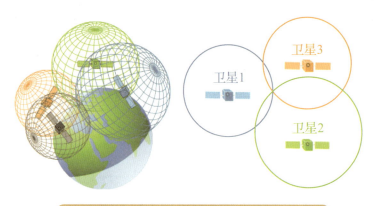

图 3-11　卫星导航定位原理

由于卫星的位置精确可知，在 GPS 观测中，我们可得到卫星到接收机的距离，利用三维坐标中的距离公式，以及 3 颗卫星，就可以组成 3 个方程式，从而解出观测点的位置（X，Y，Z）。考虑到卫星的时钟与接收机时钟之间的误差，实际上有 4 个未知数，X、Y、Z 和钟差，因而需要引入第 4 颗卫星，形成 4 个方程式进行求解，从而得到观测点的经纬度和海拔。卫星导航的工作原理如图 3-12 所示。

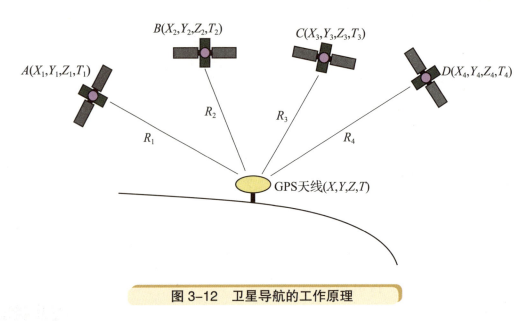

图 3-12　卫星导航的工作原理

现实中，接收机通常都能够接收到 4 颗以上卫星的信号，这时，接收机可按卫星的星座分布分成若干组，每组 4 颗，然后通过算法挑选出误差最小的一组用作定位，从而提高精度。

 小知识 >>> ▶

差分定位技术

由于卫星运行轨道、卫星时钟存在误差，以及大气对流层、电离层对信号的影响，民用 GPS 的定位精度是几十米。为提高定位精度，卫星导航系统采用差分 GPS（DGPS）技术，即建立基准站（差分台）进行 GPS 观测，利用已知的基准站精确坐标，与观测值进行比较，从而得出修正数据，并对外发布。接收机收到该修正数据后，与自身的观测值进行比较，消去大部分误差，得到一个比较准确的位置。实验表明，利用差分定位，GPS 定位精度可提高到 2 cm。

2. 惯性导航系统

（1）惯性导航系统概述

惯性导航系统（Inertial Navigation System，INS）是一种利用陀螺仪或加速度计等惯性传感器测量载体的加速度和角速度信息，并结合给定的初始条件，利用牛顿运动定律自动推算速度、位置、姿态等参数而实现自主式导航的技术，如图 3-13 所示。

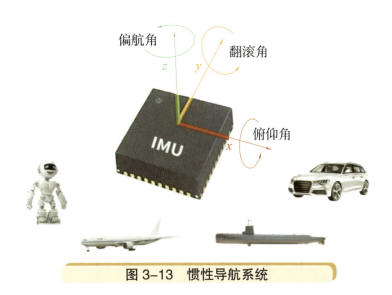

图 3-13 惯性导航系统

具体来说，惯性导航系统属于一种推算导航方式。即从已知点的位置根据连续测得的运动载体航向角和速度推算出其下一点的位置，因而可连续测出运动体的当前位置。

（2）惯性导航系统的组成

惯性导航系统由惯性测量装置（Inertial Measurement Unit，IMU）、计算单元、显示器等组成，如图 3-14 所示。

①惯性测量装置一般由陀螺仪与加速度计组成。

②计算单元根据测得的加速度信号计算物体的速度和位置数据。

③显示器用于显示导航数据。

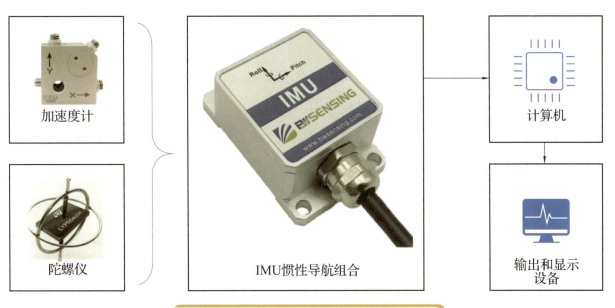

图 3-14 惯性导航系统的组成

（3）惯性导航系统的工作原理

惯性导航的基本工作原理是以牛顿力学定律为基础，通过测量载体在惯性参考系的加速度、角速度和姿态角，将它们对时间进行积分，且把它变换到导航坐标系中，就能够得到在导航坐标系中的速度、偏航角和位置等信息。

如图 3-15 所示，惯性导航系统中的陀螺仪用来形成一个导航坐标系，使加速度计的测量轴稳定在该坐标系中，并给出航向和姿态角；加速度计用来测量运动体的加速度，经过对时间的一次积分得到速度，速度再经过对时间的一次积分即可得到距离。

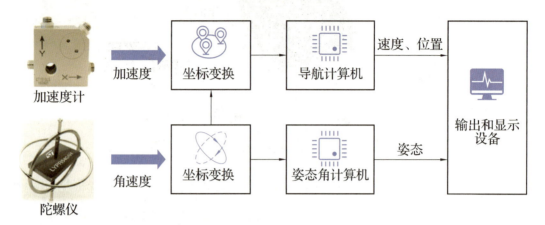

图 3-15　惯性导航系统的工作原理

（4）惯性导航系统的特点

1）惯性导航系统的优点：

①隐蔽性良好，不会受到外界电磁干扰的影响。

②可以全天每时每刻在空中、地表以及水下工作。

③可以提供位置、速度、航向和姿态角数据，所产生的导航信息连续性好、噪声低。

④数据更新率较高、短期精度和稳定性较好。

2）惯性导航系统的缺点：

①定位误差会随着时间增大，长期精度也会变差。

②使用之前需要用较长的时间来进行初始校准。

③设备的价格相比而言比较昂贵。

④不能给出时间信息。

（5）惯性导航系统的应用

车载惯性导航系统主要有两个作用，一个作用是在 GPS 信号丢失或很弱的情况下，暂时填补 GPS 留下的空缺，用积分法取得最接近真实的三维高精度定位。在山洞隧道、高架桥下、地下停车场、茂密树荫下等场景，卫星导航信号还是有很多无法覆盖的地方，所以无人驾驶汽车必须配备惯性导航系统，如图 3-16 所示。

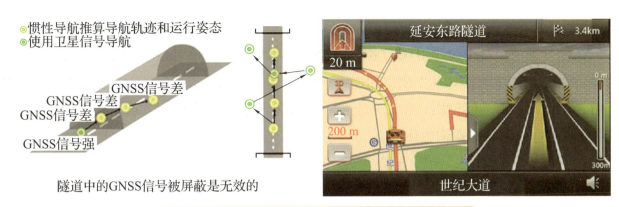

惯性导航推算导航轨迹和运行姿态
使用卫星信号导航

GNSS信号差
GNSS信号差
GNSS信号差
GNSS信号强

隧道中的GNSS信号被屏蔽是无效的

图3-16 惯性导航系统与卫星导航系统配合定位

车载惯性导航系统的另一个作用是配合激光雷达进行定位，如图3-17所示。GPS+IMU为激光雷达的空间位置和脉冲发射姿态提供高精度定位，建立激光雷达点云的三维坐标系。导航数据和激光雷达信号融合方式为：通过IMU惯性测量单元和GPS等，得到一个预测的全局位置，当激光雷达实时扫描单次的点云数据后，位置信息结合单次的点云数据进行匹配，进行特征提取。这些特征包括路沿、车道线、高度等周围点线面的特征。对于高精度地图，提取过的特征与实时提取的特征进行匹配，最终得到精准的车辆位置，这就是激光雷达的定位过程。

图3-17 惯性导航系统与激光雷达配合定位

3. DTU及其天线

（1）DTU概述

数据传输单元DTU（Data Transfer Unit）是专门用于将串口数据转换为IP数据或将IP数据转换为串口数据，通过无线通信网络进行传送的无线终端设备，如图3-18所示。

DTU的主要功能是把远端设备的数据通过有线/无线的方式传送回后台中心。要完成数据的传输需要建立一套完整的数据传输系统。

图3-18 DTU及天线

（2）DTU 的组成

在差分定位系统中包括 DTU、客户设备、移动网络、后台中心。在前端，DTU 和客户的设备通过 RS232 或者 RS485 接口相连。只有 DTU 是不能完成数据的无线传输的，还需要有后台软件的配合一起使用。在建立连接后，前端设备和后台中心就可以通过 DTU 进行无线数据传输了，而且是双向的传输。

在组合导航系统中，组合导航控制器就是 DTU 的客户设备（前端），它通过串口与 DTU 相连，实现双向传输。DTU 的移动网络就是 4G 网络，GPS 卫星基站就是后台中心，DTU 通过 4G 网络与基站连接，传输差分定位数据，实现组合导航系统的差分定位。差分定位原理如图 3-19 所示。

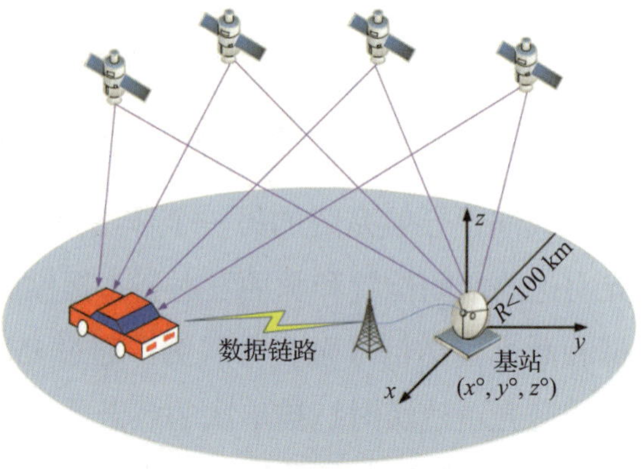

（3）DTU 的应用

DTU 已经广泛应用于电力、环保、LED 信息发布、物流、水文、气象等行业领域。尽管应用的行业不同，但应用的原理是相同的。大都是 DTU 和行业设备相连，比如 PLC（可编程逻辑控制器）、单片机等自动化产品的连接，然后和后台建立无线的通信连接。在互联网日益发展的今天，DTU 的使用也越来越广泛。它为各行业以及各行业之间的信息、产业融合提供了帮助，也逐步发展为物联网应用的核心技术。

图 3-19　差分定位原理

三、组合导航系统的优点

相比较单一导航系统，组合导航系统具有很大的优势。

①能有效利用各导航子系统的导航信息，提高组合导航系统的定位精度。例如，GNSS-IMU 组合导航系统能有效利用 IMU 短时精度保持特性，以及 GNSS 长时精度保持特性，输出导航信息的精度和实时性要优于单独的 IMU 和 GPS。

②允许在导航子系统工作模式间进行自动切换，从而进一步提高系统工作可靠性。由于各导航子系统均能输出运动信息，因此组合导航系统有足够的量测冗余度，当量测信息的某一部分出现故障，系统就可以自动切换到另一种组合模式继续工作。

③可实现对各导航子系统及其元器件误差的校准，从而放宽了对导航子系统技术指标的要求。例如，IMU 和 GNSS 采用松耦合模式进行组合时，组合输出的位置、速度和姿态将反馈到 IMU 和 GNSS，对 IMU 和 GNSS 的相应误差量进行校准。

综合来说，组合导航系统能充分利用各子系统的导航信息，形成单个子系统不具备的功能和精度。多种导航互补，取长补短，可扩大使用范围。各子系统感测同一目标，使测量值冗余，可提高整个系统的可靠性。

技能实训

四、组合导航系统的拆装

任务工单－组合导航系统的拆装

（1）任务准备

①操作设备：智能网联教学车。

②工具／材料：螺丝刀套装、微型十字螺丝刀一把、棘轮工具套装。

③人员分工：组长 1 名、记录人员 2 名，检验员 2 名，操作人员若干，以上角色可通过选举、抽签或老师指定等方式担任，通过多个任务的训练，争取让每个学生轮流担任不同角色。

④实训场地：智能网联汽车实训室。

（2）任务实施

拆装前防护	
个人防护：维修人员穿好工装，戴好手套。	整车防护：车内铺设脚垫、座椅套和转向盘套；车外铺设翼子板和前格栅护罩。

准备工作	
1. 检查确认自动驾驶电源开关处于 OFF 挡。	2. 检查确认点火开关处于 OFF 挡。

组合导航系统的拆卸	
步骤一：组合导航控制器的拆卸。	
1. 拆卸组合导航控制器的通信端口和两天线接口。	2. 使用十字螺丝刀，拆卸组合导航控制器的 4 颗固定螺栓，拆下组合导航控制器，并轻放到零件车上。至此组合导航控制器的拆卸完成。

步骤二：前导航天线的拆卸。

1. 使用棘轮扳手＋十字接头，拧松前导航天线的 4 颗固定螺栓，然后依次拆下 4 颗螺栓。	2. 拆卸前导航天线的线束端子，取下天线。至此前导航天线拆卸完成。

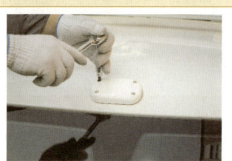

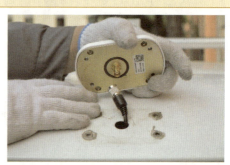

步骤三：后导航天线的拆卸。

1. 使用棘轮扳手＋十字接头，拧松后导航天线的 4 颗固定螺栓，然后依次拆下 4 颗螺栓。	2. 拆卸后导航天线的线束端子，取下天线，然后放置到零件车上。至此后导航天线拆卸完成。

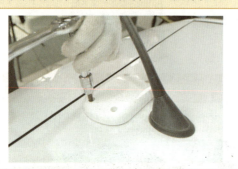

步骤四：DTU 模块的拆卸。

1. 拆卸 DTU 模块的通信接口、天线接口和电源接口。	2. 使用十字螺丝刀，拆卸 DTU 模块的两颗固定螺栓，将 DTU 模块放置到零件车上。至此 DTU 模块拆卸完成。

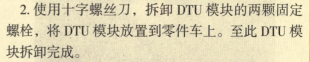

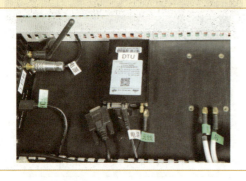

组合导航系统的安装

步骤一：DTU 模块的安装。

1. 将 DTU 模块放置到位，使用十字螺丝刀，安装两颗固定螺栓，力矩为（5±2）N·m。	2. 依次安装 DTU 模块的天线接口、电源接口和通信接口。

步骤二：组合导航控制器的安装。

1. 使组合导航控制器上的 Y 坐标箭头朝向车辆前进方向，放置到安装位置。	2. 使用十字螺丝刀安装组合导航控制器的 4 颗固定螺栓，要求螺栓对角紧固，紧固力矩为（5±2）N·m。

3. 依次安装组合导航控制器的两个天线接口和通信接口。注意：天线接口分为前天线接口（FRONT）和后天线接口（BACK），分别连接相应天线。

 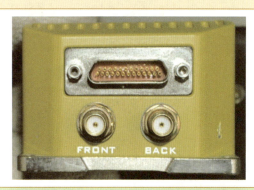

步骤三：前导航天线的安装。

1. 将前导航天线的线束插接器连接到位。注意：前后天线通用。	2. 将前导航天线放置到位，使用棘轮扳手安装 4 颗固定螺栓，固定螺栓需交叉紧固，力矩为（15±2）N·m。

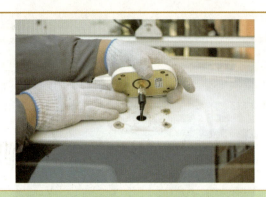 

步骤四：后导航天线的安装	
1. 将后导航天线的线束插接器连接到位。	2. 将后导航天线放置到位，使用棘轮扳手安装 4 颗固定螺栓，固定螺栓需交叉紧固，力矩为（15±2）N·m。

（3）任务评价

完成实训任务后，对任务完成情况进行评价。

任务二 组合导航系统的调试与标定

任务目标

◇ 了解组合导航系统的通信方式；

◇ 掌握组合导航系统通信配置方法；

◇ 能够独立完成组合导航系统的通信调试；

◇ 能够独立完成组合导航系统的杆臂标定。

情景导入

　　小杨在一家智能网联汽车研发企业工作，负责智能传感器的装调与测试工作。今天，他的工作是将一个新型组合导航系统安装到某一型号的智能汽车上，并完成该系统的调试及标定工作，形成调试与标定报告，反馈给研发人员。

　　如果你是小杨，请在自己的角度分析这个工作岗位需要精通哪些专业知识才能胜任这个工作，制定学习目标，完成以下学习。

应知应会

一、组合导航系统通信方式介绍 》》

　　组合导航系统的通信方式多种多样，通常采用串口通信方式。串口通信由多种协议组成，下面以 RS232 通信协议为例，介绍组合导航系统如何与上位机通信。

RS232 串口协议介绍

　　RS232 是计算机上的通信接口之一，是电子工业协会（Electronic Industries Association，EIA）所制定的异步传输标准接口。通常 RS232 接口以 9 个引脚（DB-9）或是 25 个引脚（DB-25）的形态出现，一般个人计算机上会有两组 RS232 接口，分别称为 COM1 和 COM2。

　　目前 RS232 是 PC 机与通信工业中应用最广泛的一种串行接口。RS232 被定义为一种在低速率串行通信中增加通信距离的单端标准。RS232 采取不平衡传输方式，即所谓的单端通信。

　　RS232 接口收、发端的数据信号是相对于信号地的。典型的 RS232 信号在正负电平之间摆动，在发送数据时，发送端驱动器输出正电平在 +5~+15 V，负电平在 –15~–5 V，如图 3–20 所示。RS232 是为点对点（即只用一对收、发设备）通信而设计的，适合本地设备之间的通信。

图 3-20　RS232 通信波形

二、RS232 通信数据传输

1. RS232 通信参数介绍

（1）波特率

数据传输涉及的第一个概念是波特率。RS232 常见的波特率有：9 600 bit/s、38 400 bit/s、56 000 bit/s、115 200 bit/s、230 400 bit/s、460 800 bit/s 等。两个采用 RS232 串口通信的设备，需要双方约定好相同的波特率。

（2）数据帧

RS232 是一种点对点的通信，它的数据帧由起始位、数据位、校验位、停止位四部分组成。

①起始位：长度为 1 个比特位，数据值为逻辑 0，表示开始发送数据。

②数据位：长度为 5、6、7 或 8 个比特位，表示实际发送的数据。

③校验位：长度为 0（无校验）或 1（奇校验或偶校验）个比特位。

④停止位：长度为 1 或 2 个比特位，数据值为逻辑 1，表示数据帧发送结束。

假设某 RS232 通信设置数据位 =7，奇校验，停止位 =2，则帧和逻辑值如图 3-21 所示。

了解了 RS232 通信参数后，下面以组合导航 RS232 串行通信为例，介绍 RS232 通信配置的方法和 RS232 串行数据的解析。

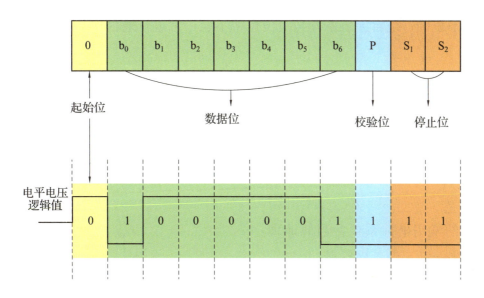

图 3-21 RS232 通信数据帧结构

2. 组合导航数据传输

下面以智能网联教学车的组合导航通信协议参数为例介绍 RS232 通信配置。

RS232 报文数据在组合导航系统与上位机之间传输，需要保证其参数配置符合 RS232 协议。我们通过上位机读取组合导航系统的报文数据，需要配置相应的参数（见图 3-22），使上位机与组合导航系统之间互相一致，才能够获得组合导航数据读取权限。根据 RS232 通信协议，上位机软件与组合导航系统建立通信系统的配置参数释义，如表 3-1 所示。

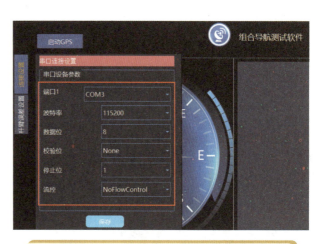

图 3-22 组合导航通信配置参数

表 3-1 上位机软件与组合导航系统建立通信系统的配置参数释义

参数	解释
端口	端口是接口中的一个具体部分，通常指的是接口电路中的寄存器，用于数据的读写操作。工控机有可能有一个或多个串行接口，通信线路连接哪个端口，就需要选择哪个接口对应的端口
波特率	每秒钟传输的数据位数，单位为 bit/s，组合导航通信的波特率通常为 115 200 bit/s 或 460 800 bit/s
数据位	通信中实际数据的位数，组合导航系统要求数据位设为 8
校验位	串口通信常用的检错方式有奇校验、偶校验和无校验。组合导航系统要求校验位设置为 None，即无奇偶校验
停止位	用于表示单个字符的最后一位。典型的值为 1 或 2。组合导航系统要求停止位设置为 1
流控	当数据缓冲区满时，通过设置流控可不再接收新发来的数据。此软件设为 NoFlowControl 时，即无流控

如果配置不正确，组合导航系统与上位机将不能正常进行通信。

三、组合导航标定

组合导航标定的目的是将组合导航的定位坐标与其他设备或载体的坐标通过标定，重合到一起。

1. 坐标系介绍

组合导航的常用坐标系包含当地地理坐标系、载体坐标系、设备坐标系。

（1）当地地理坐标系

当地地理坐标系定义如图 3-23 所示。

Y 轴：指向北向；Z 轴：指向天向；X 轴：指向东向。

（2）载体坐标系

载体坐标系定义如图 3-24 所示，以载体中心为坐标原点。Z 轴：沿车体指天，垂直大地水平面；Y 轴：指向车体前进方向；X 轴：指向车体右向。

（3）设备坐标系

设备坐标系定义（以 XW-GI5610 型组合导航主机为例）如图 3-25 所示。

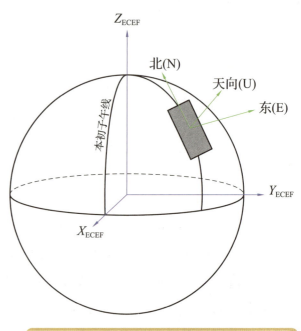

图 3-23　当地地理坐标系

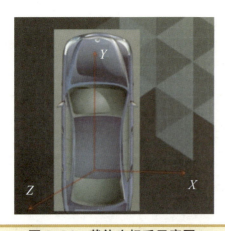

图 3-24　载体坐标系示意图

图 3-25　设备坐标系

Z 轴：垂直于上壳表面，沿壳体指向天向；Y 轴：壳体导航插头反方向；X 轴：指向壳体右向，垂直于 Z、Y 方向。

2. GNSS 杆臂误差设置

组合导航包括卫星导航和惯性导航两部分。卫星导航通过定位天线为基准进行定位，惯性导航以自身为基准进行定位。卫星导航的定位天线和惯性导航，两者安装位置不重合，如图 3-26 所示。

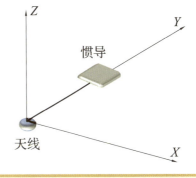

图 3-26　杆臂误差示意图

惯性导航和定位天线安装位置的不重合，导致卫星导航和惯性导航测量出的位置和速度信息有差别，专业上叫作杆臂误差。

GNSS 相对惯导系统的杆臂会产生杆臂效应，造成两者位置和速度的测量误差，在客户的具体使用过程中会出现两者位置距离较远，使该误差达到无法忽略的程度，这时必须对杆臂误差进行补偿。

GNSS 天线和惯导设备的安装方式如图 3-27 所示，而我们要补偿的是后天线和惯导设备之间的杆臂误差。补偿方式为通过上位机输入命令：

$cmd，set，leverarm，gnss，x_offset，y_offset，z_offset*ff。

x_offset：X 方向的杆臂误差；y_offset：Y 方向的杆臂误差；z_offset：Z 方向的杆臂误差。

图 3-27　GNSS 天线和惯导杆臂误差补偿

技能实训

四、组合导航系统的调试与标定

1. 组合导航通信调试

组合导航通信
调试

（1）任务准备

①操作设备：智能传感器装配调试台架 + 智能网联教学车。

②工具 / 材料：车内防护装置、车外防护装置。

③人员分工：组长 1 名，记录人员 2 名，检验人员 2 名，操作人员若干，以上人选角色可通过选举、抓阄及教师指定等来担任，通过多个任务的训练，争取让每个学生轮流担任每个角色。

④实训场地：智能网联汽车实训室。

任务工单 – 组合
导航通信调试

（2）任务实施

实训前，首先确保实训设备连接正确，功能完整，能够正常使用。

实训目的：确认组合导航控制器能够正常通信。	
调试前防护	
个人防护：维修人员穿好工装，戴好手套。	整车防护：车内铺设脚垫、座椅套和转向盘套；车外铺设翼子板和前格栅护罩。

组合导航通信调试：	
1. 给组合导航系统供电。 踩下制动踏板，将点火开关打到 ON 挡，启动智能网联教学车；将自动驾驶系统电源开关打到 ON 挡。	

2. 打开组合导航系统测试软件。

（1）启动智能传感器装配调试台架的工控机。

（2）双击桌面上的组合导航系统测试软件的图标，打开软件。

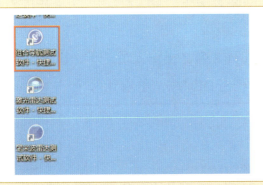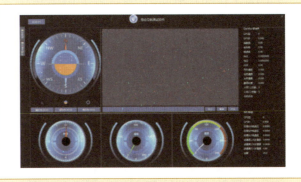

3. 执行组合导航通信调试。

（1）设置串口设备参数。单击"连接设置"按钮，打开串口来连接设置界面。将端口 1 设置为 COM3；波特率设置为 115 200 bit/s；数据位设置为 8；校验位设置为 None；停止位设置为 1；流控设置为 NoFlowControl。最后单击"保存"按钮。

（2）单击"启动 GPS"按钮，启动组合导航系统。如果在测试软件数据窗口，刷新 ID 为 GPFPD 的组合导航数据，表明通信调试成功。如果软件上无组合导航数据，则表明通信调试失败，需要检修组合导航系统通信故障后，再次进行通信调试。

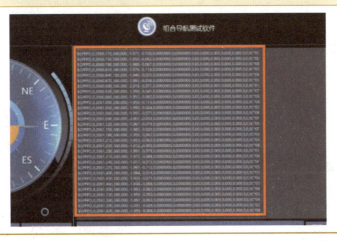

（3）任务评价

完成实训任务后，对任务完成情况进行评价。

2 组合导航系统的标定

（1）任务准备

①操作设备：智能传感器装配调试台架 + 智能网联教学车。

②工具 / 材料：卷尺、激光测距仪。

③人员分工：组长 1 名，记录人员 2 名，检验人员 2 名，操作人员若干，以上人选角色可通过选举、抓阄及教师指定等来担任，通过多个任务的训练，争取让每个学生轮流担任每个角色。

④实训场地：智能网联汽车实训室。

组合导航系统的标定

任务工单 – 组合导航系统标定

（2）任务实施

组合导航系统的标定

步骤一：杆臂误差的测量。

智能网联教学车组合导航系统的杆臂误差，是指以惯性导航坐标为原点，卫星导航定位天线坐标相对原点在 X 轴、Y 轴和 Z 轴上的差值。

1. 测量 X 轴上的杆臂误差。智能网联教学车组合导航系统的定位天线和惯性导航（组合导航控制器）都位于车辆左右对称平面上，因此在 X 轴上的杆臂误差为 0。

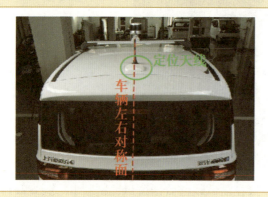
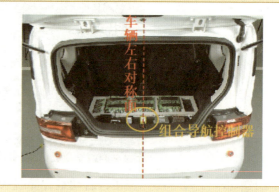

2. 测量 Z 轴上的杆臂误差。

两人配合，使用激光测距仪测量 Z 轴上的杆臂误差。Z 轴杆臂误差 = 测量距离 + 组合导航控制器高度的一半 + 车顶的厚度 = 0.894+0.34/2+0.03 ≈ 1.09 m。（设车顶的厚度为 0.03 m）

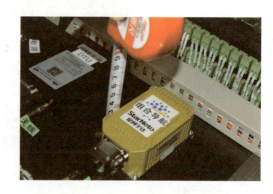

3.测量 Y 轴上的杆臂误差。

使用卷尺，测量定位天线与惯性导航在 Y 轴上的杆臂误差，因定位天线在原点 Y 轴相反的方向，因此应为负值，即为 -0.13 m。

与组合导航控制器位于同一垂线

步骤二：杆臂误差的标定。

将测量数据输入组合导航测试软件中，单击"设置"按钮，即完成组合导航杆臂误差的标定，此时在数据栏将出现标定数据反馈。

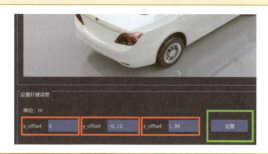

设置杆臂误差

单位：m

x_offset　0　　y_offset　-0.13　　z_offset　1.09　　设置

杆臂误差标定反馈

$GPFPD,0,3.080,360.000,-2.039,0.013,0.000
$GPFPD,0,3.120,360.000,-2.064,-0.068,0.00
$GPFPD,0,3.150,360.000,-2.086,-0.060,0.00
$GPFPD,0,3.180,360.000,-2.035,-0.042,0.00
$GPFPD,0,3.210,360.000,-2.031,-0.055,0.00
$cmd,set,leverarm,gnss,0,-0.13,1.09*ff

（3）任务评价

完成实训任务后，对任务完成情况进行评价。

任务三　组合导航系统的故障检修

任务目标

◇ 能够识读组合导航系统电路；

◇ 能够正确识别组合导航插接器针脚含义；

◇ 熟悉组合导航系统的诊断方法和诊断流程；

◇ 能够独立完成组合导航系统电路故障的诊断。

✏ **情景导入**

　　小杨是一家智能网联汽车生产企业的维修工程师。今天，客户反映自家的自动驾驶汽车设置不了导航终点，无法实现自动驾驶，手动驾驶没有问题，需要小杨去现场做下维修。小杨初步判断，可能车辆的组合导航系统存在异常，他需要提一些问题给客户，进一步判断故障车的现象。如果你是小杨，需要提哪些问题用于判断组合导航系统的故障点？

✏ **应知应会**

一、组合导航系统电路识读

　　如图 3-28 所示，组合导航控制器通过 T25 插头与其他设备通信，由车载电源经过熔断器 FL1 连接至 T25/1 针脚对组合导航控制器进行供电，通过 T25/2 针脚进行搭铁。通过 RS232 接口的 T25/3、T25/4、T25/5 针脚连接至计算平台。通过 RS232 接口的 T25/11、T25/12、T25/14 针脚连接至 DTU。DTU 有单独的电源线，由 FL1 熔断器通过 T2/1 针脚供电，T2/2 针脚搭铁。DTU 通信线路为 T9 插头，其中 T9/3 为 RX（输入），T9/2 为 TX（输出），T9/5 搭铁。它的工作过程为：将自动驾驶系统电源开关打到 ON 挡，组合导航控制器、DTU 和计算平台通电后开始工作；组合导航控制器接收天线的 GPS 信号，把信号通过 RS232 网络发送给 DTU；DTU 将 GPS 信号通过 4G 网络发送给 GPS 基站，由基站进行差分定位，形成差分信号。差分信号由基站再经 DTU 返回给组合导航控制器；组合导航控制器最后将惯性导航信号和差分定位信号发送给计算平台，完成导航信号的供给。

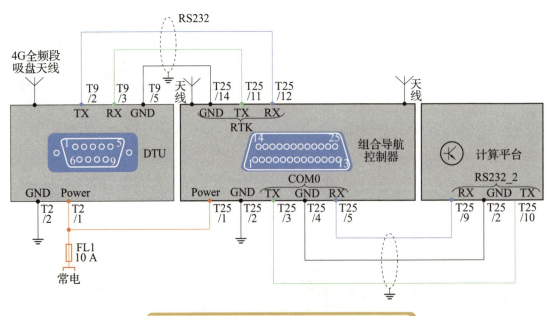

图 3-28　组合导航系统电路

二、组合导航系统插接器针脚介绍

本内容使用智能网联教学车的组合导航系统为例介绍组合导航系统插接器的针脚。组合导航系统电路重要的插接器有：组合导航接口 DB-25，计算平台接口 DB-25，DTU 通信接口 DB-9，如图 3-29 所示。各部件插接器针脚及接口定义如表 3-2 所示。

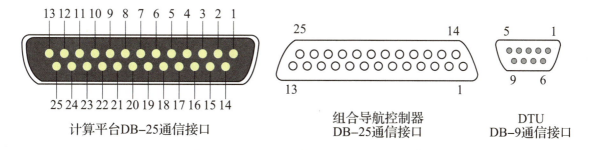

图 3-29　组合导航系统通信接口

表 3-2　各部件插接器针脚及接口定义

插接器	针脚号	针脚定义	接口定义
组合导航控制器 DB-25 接口	1	供电电源	控制器供电电源（9~24 V）
	2	主搭铁	
	3	COM0_TX	COM0/RS232
	4	信号搭铁	
	5	COM0_RX	
	11	COM2_TX	RTK/RS232
	12	COM2_RX	
	13	PPS_GPS	PPS_GPS
	14	信号搭铁	RTK/RS232
计算平台 DB-25 接口	1	3.3 V	V_{CC} 电源
	2	GND	接地
	3	CAN1_H	CAN1 接口
	4	CAN1_L	
	5	CAN0_H	CAN0 接口
	6	CAN0_L	
	7	RS232_3_TXD	RS232_3 接口
	8	RS232_3_RXD	
	9	RS232_2_TXD	RS232_2 接口
	10	RS232_2_RXD	

插接器	针脚号	针脚定义	接口定义
DTU DB-9 通信接口	2	RS232_TXD	RS232 接口
	3	RS232_RXD	
	5	信号接地	

技能实训

三、组合导航系统的故障检修 ≫

组合导航系统通信线路故障检修

（1）任务准备

①操作设备：智能传感器装配调试台架 + 智能网联教学车。

②工具 / 材料：万用表、探针、跨接线、示波器。

③人员分工：组长 1 名，记录人员 2 名，检验人员 2 名，操作人员若干，以上人选角色可通过选举、抓阄及教师指定等来担任，通过多个任务的训练，争取让每个学生轮流担任每个角色，最终能够提升学生自身综合能力。

④实训场地：智能网联汽车实训室。

（2）任务实施

实训前，确保智能传感器装配调试台架与智能网联教学车正确连接。

老师指导学生，使用专用故障设置设备进行故障设置。

组合导航系统
通信线路故障
检修

任务工单 – 组
合导航系统通
信故障诊断

故障说明：执行自动驾驶测试时，发现自动驾驶软件内的导航信号极差，无法进行自动驾驶。

故障检测前防护	
个人防护：维修人员穿好工装，戴好手套。	整车防护：车内部铺设脚垫、座椅套和转向盘套；车外铺设翼子板和前格栅护罩。

故障检修

步骤一：故障再现。

1. 踩下制动踏板，将点火开关打到 ON 挡，启动智能网联教学车。	2. 将自动驾驶系统电源开关打到 ON 挡，启动自动驾驶系统。
	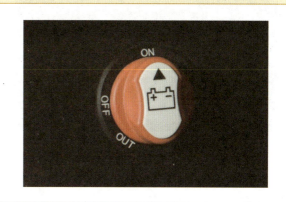

3. 打开车上的自动驾驶系统软件，查看 GPS 信号数据，确定导航信号极差。（自动驾驶软件开启方法参见"项目二"—"任务三"—"三、毫米波雷达故障检修"—"故障检修"—"步骤一：故障再现"）

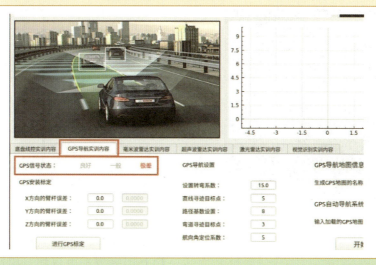

步骤二：故障初步检查。

1. 打开智能传感器装配调试台架的工控机。 （1）将智能传感器装配调试台架连接到智能网联教学车，并连接台架的电源线。	（2）按下启动键，打开智能传感器装配调试台架的工控机。
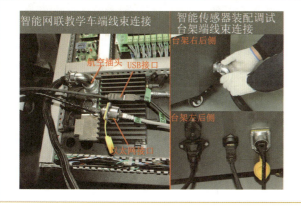	

2.执行组合导航通信调试，查看通信是否正常。
（1）双击组合导航测试软件图标，打开软件。

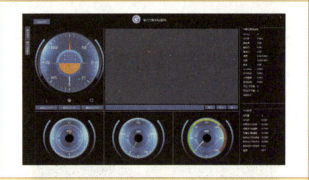

（2）单击"开启 GPS"按钮，开启组合导航系统，发现软件日志窗口没有组合导航数据，通信调试失败。

3.查看软件连接设置数据，可确定连接设置数据都正常，于是可确定组合导航系统通信故障。

4.通过初步检查，发现工控机无法与组合导航系统通信。可能的原因有：①组合导航控制器电源或搭铁线路故障。②组合导航控制器通信线路故障。③组合导航控制器故障。

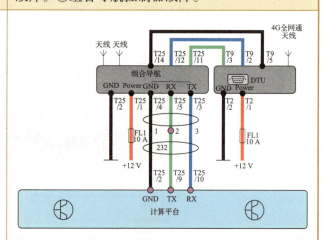

步骤三：故障检测。

1.根据电路图分析，首先测量组合导航控制器的电源。

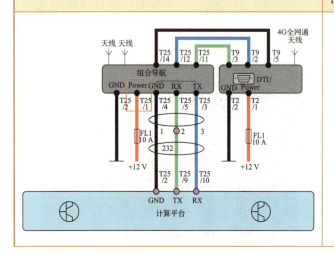

将万用表置于电压挡，用红表笔连接 T25/1 针脚，黑表笔连接搭铁，正常应为 9~16 V，而实际测量值为 13.55 V，可确认电源正常。

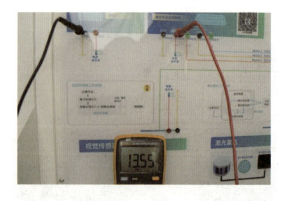

2. 分析电路图, 可知组合导航系统电源正常, 因此需要测量搭铁线是否正常。

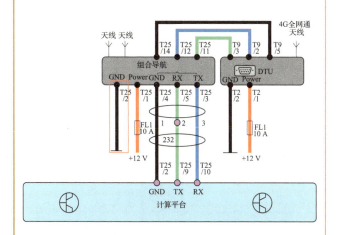

（1）关闭自动驾驶系统电源开关, 断开组合导航控制器的DB-25插接器。

（2）将万用表置于电阻挡, 用红、黑表笔分别连接组合导航控制器T25/2针脚和搭铁, 正常应 < 1 Ω, 而实际测量值为0.0 Ω, 可确认组合导航控制器搭铁正常。

3. 经过以上测试, 确定组合导航控制器的电源和搭铁都正常, 分析电路图, 需要测量组合导航系统发送给计算平台的通信波形。

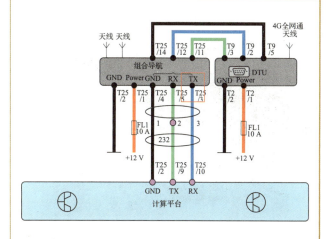

（1）连接组合导航控制器的插接器, 打开自动驾驶电源开关。根据组合导航通信网络的波特率115 200 bit/s和电平电压, 进行示波器设置, 将示波器CH1通道的"垂直幅度"设置为5 V/格;"水平时间"设置为20 μs。

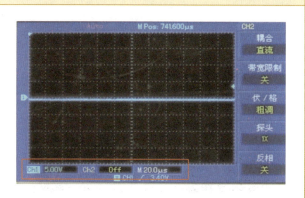

（2）将示波器探针搭铁夹连接搭铁点，探针连接 T25/3 针脚（TX 端子），正常波形应为 –15~15 V 的波形，而实际检测到通信波形在正常范围，表明组合导航控制器正常发送信号。

4. 根据以上测量，可确定组合导航控制器发送信号波形正常。接下来，需要测量计算平台接收端的电压波形。

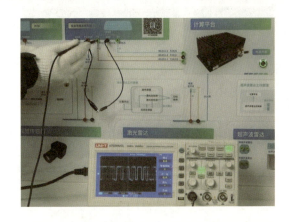

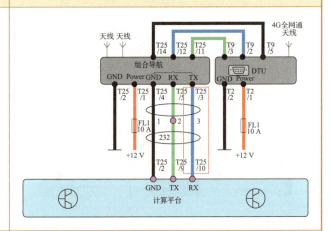

将示波器探针连接到计算平台 T25/10 针脚（RX 端子）。正常波形应为 –15~15 V 的波形，而实际未检测到电压波形，可确定组合导航控制器到计算平台间通信线路存在异常。

5. 根据示波器测量结果，可确定组合导航控制器 T25/3 针脚与计算平台 T25/10 针脚间线路存在异常，需测量此线路的通断。

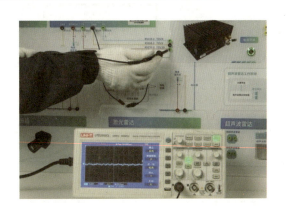

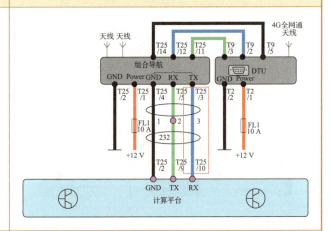

（1）准备工作。关闭自动驾驶系统的电源开关，断开组合导航控制器 DB-25 插接器和计算平台多功能插接器。

（2）将万用表置于电阻挡，用红、黑表笔分别连接组合导航控制器 T25/3 针脚和计算平台 T25/10 针脚，正常应 <1Ω，而实际测量值为 ∞，可确定组合导航系统 TX 输出端子所在线路存在断路故障。

步骤四：故障维修。

维修组合导航控制器到计算平台间的通信线路。

步骤五：维修后检查。

1.启动智能网联教学车，将自动驾驶系统电源开关打到 ON 挡，启动自动驾驶系统。	2.打开车上的自动驾驶系统软件，查看 GPS 信号数据，确定导航信号良好，表明组合导航故障排除。
	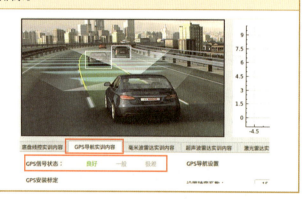

（3）任务评价

完成实训任务后，对任务完成情况进行评价。

项目四

激光雷达的装调与检修

项目目标 →

知识目标

◇ 认知激光雷达的工作原理、结构及特点；

◇ 熟悉激光雷达测速、测距的原理及分类；

◇ 熟悉激光雷达的技术参数。

技能目标

◇ 能够独立完成激光雷达的拆装；

◇ 能够完成激光雷达的标定与调试；

◇ 能够完成激光雷达的故障检修。

素养目标

◇ 通过教材和老师的引导，培养学生热爱学习、善于思考的习惯；

◇ 通过教材实训环节的设置，培养学生团结协作、互帮互助的精神；

◇ 通过实操步骤的练习，培养学生标准操作、规范作业、精益求精的工匠精神；

◇ 通过教材中对安全和质量的阐述，培养学生的质量意识、安全意识、节能环保意识等职业素养。

任务一 激光雷达的拆装

任务目标

◇ 了解激光雷达的功能和分类；

◇ 理解激光雷达的结构和工作原理；

◇ 熟悉激光雷达的特点和应用场景；

◇ 能够独自完成激光雷达的拆装。

情景导入

小杨在一家智能网联汽车研发企业工作，负责智能传感器的装调与测试工作。今天，他的工作是将一个激光雷达安装到某一型号的智能汽车上，并完成激光雷达的拆装工作，形成拆装报告，反馈给研发人员。

假如你是小杨，能否经过下面的学习，胜任这份工作？

应知应会

一、激光雷达的功能和分类

1. 激光雷达的功能

激光雷达是工作在光波频段的雷达，它能够探测目标的位置（距离、方位和高度）、运动状态（速度、姿态）等信息，实现对目标的探测、跟踪和识别。

激光雷达通过发射激光光束探测目标，并通过搜集反射回来的光束形成点云以获取数据，点云数据经过光电处理后可生成物体精确的立体图像，如图4-1所示。激光雷达生成的三维信息，能够快速准确地确定物体的位置、尺寸外貌和运动状态，同时生成精确的数字模型，所以它的分辨率很高。

图4-1 激光雷达探测画面

2 激光雷达的分类

激光雷达可以按照结构、线数进行分类。

（1）按照结构进行分类

激光雷达按照有无旋转结构进行分类，可以分为机械式激光雷达、固态激光雷达、混合固态激光雷达。

①机械式激光雷达。

机械式激光雷达带有控制激光发射角度的旋转部件，体积较大，价格昂贵，测量精度相对较高，一般置于汽车顶部，如图4-2（a）所示。机械式激光雷达在竖直方向上排布多组激光线束，发射模块以一定频率发射激光线束，通过不断旋转发射头实现动态扫描，如图4-3（b）所示。

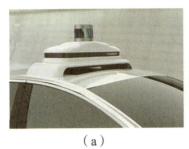
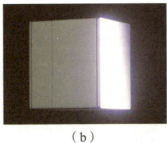
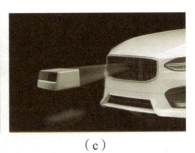

（a） （b） （c）

图4-2 激光雷达结构分类类型

（a）机械式激光雷达；（b）固态激光雷达；（c）混合固态激光雷达

②固态激光雷达。

只有内部没有任何运动部件的激光雷达，才是纯固态激光雷达。这种激光雷达结构最简单，集成度最高。固态激光雷达则依靠电子部件来控制激光发射角度，无须机械旋转部件，故尺寸较小，如图4-2（b）所示。由于固态激光雷达取消了复杂和高频转动的机械结构，不仅能降低物料和量产成本，也能提升产品可靠性、生产效率和一致性，能够很好地应用于车规级量产领域。

现阶段，固态激光雷达的不足在于功率密度低、探测距离短，还不能作为智能网联汽车的主激光雷达大规模量产使用。不过，固态激光雷达的近距补盲与半固态激光雷达的远距感知相组合，能打造出完整的车规级激光雷达解决方案。

③混合固态激光雷达。

混合固态激光雷达用"微动"器件来代替宏观机械式扫描器，在微观尺度上实现雷达发射端的激光扫描，如图4-2（c）所示。混合固态激光雷达得益于旋转部件旋转幅度和体积的减小，可有效提高雷达系统的可靠性，并降低成本。机械式激光雷达在工作时，发射系统和接收系统会一直360°地旋转，而混合固态激光雷达工作时，单从外观上是看不到旋转的，巧妙之处是将机械旋转部件做得更加小巧并深深地隐藏在外壳之中。

相比机械式激光雷达，混合固态激光雷达的优势在于，数据采集速度快，分辨率高，对温度和震动的适应性强。通过波束控制，混合固态激光雷达探测点（点云）可以任意分布，例如，在高速公路上主要扫描前方远处，对于侧面则稀疏扫描，但并不完全忽略，在十字路口加强侧面扫描，而只能匀速旋转的机械式激光雷达是无法执行这种精细操作的。目前，车规级的混合固态激光雷达的发展已经比较成熟，量产车上采用的激光雷达基本都是混合固态激光雷达。

（2）按照线数进行分类

激光雷达按照发射激光线的数量进行分类，可以分为单线激光雷达、多线激光雷达。

①单线激光雷达。

单线激光雷达如图4-3（a）所示，主要用于规避障碍物，其扫描速度快、分辨率高、可靠性高。由于单线激光雷达比多线和3D激光雷达在角频率和灵敏度方面反应更加快捷，所以，在测试周围障碍物的距离和精度上都更加精确。但是，单线激光雷达只能平面式扫描，不能测量物体高度，有一定局限性。当前主要应用于服务机器人，如我们常见的扫地机器人。

（a）　　　　　　　　　　　　　　　　（b）

图4-3　激光雷达按线数分类类型
（a）单线激光雷达；（b）多线激光雷达

②多线激光雷达。

多线激光雷达如图 4-3（b）所示，主要应用于汽车的雷达成像，相比单线激光雷达，在维度提升和场景还原上有了质的改变，可以识别物体的高度信息，多线激光雷达常规是 2.5D，而且可以做到 3D。

目前多线激光雷达推出的主要有 4 线、8 线、16 线、32 线、64 线和 128 线。激光雷达的线数越多，成像效果越好，但是价格越高，如图 4-4 所示。

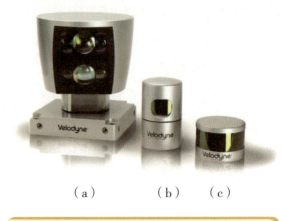

（a）　　　　　（b）　　　（c）

图 4-4　多线激光雷达产品

（a）HDL-64；（b）HDL-32；（c）VLP-16

二、激光雷达的结构和工作原理

1. 激光雷达的结构

下面以常见的机械式激光雷达为例，介绍激光雷达的结构。机械式激光雷达的组成部件有发射 / 接收系统、信号处理系统、控制系统、报警系统，如图 4-5 所示，其结构如图 4-6 所示。

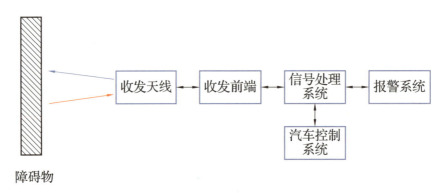

障碍物

收发天线 ↔ 收发前端 ↔ 信号处理系统 ↔ 报警系统

汽车控制系统

图 4-5　激光雷达的组成及工作原理

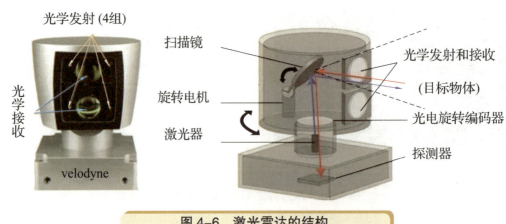

光学发射（4组）

光学接收

velodyne

扫描镜

旋转电机

激光器

光学发射和接收

（目标物体）

光电旋转编码器

探测器

图 4-6　激光雷达的结构

①发射系统用于发射激光束（即探测信号），包含激光器、发射光学系统。

②接收系统用于接收反射的激光信号，即回波信号，包括接收光学系统、光学滤光装置、光电探测器。

③信号处理模块用于光电转换、数据获取、信号处理、数据校准与输出。

④控制系统用于控制激光激发、信号接收及系统工作模式等。

⑤报警系统主要根据设定的安全车距和报警距离，以适当的方式给驾驶员报警，保障汽车安全行驶。

2. 激光雷达的工作原理

激光雷达测距的原理主要有两大类：第一类原理为飞行时间法（Time of Flight，ToF），即光速和往返时间的乘积的一半，就是测距仪和被测量物体之间的距离；第二类原理是以激光位移传感器脉冲原理和相位原理进行测距。

（1）飞行时间法（ToF）

飞行时间法利用光速进行测距，若激光发射器在 t_0 时刻发射一束激光，打到物体上并反射，在 t_1 时刻激光接收器接收到反射回来的激光，则测量距离可用如下表达式计算：

$$D = c \times \frac{t_1 - t_0}{2}$$

式中，c 表示光速，为 3×10^8 m/s。

但是在实际应用中，由于光速过快，对计时器精度要求很高，因此，通常采用脉冲或相位的方法直接测量时间，由此得出距离。

（2）脉冲测距法

脉冲式激光测距原理如图 4-7 所示。由激光发射系统发出一个持续时间极短的脉冲激光，经过待测距离 L 之后，被目标物体反射，发射脉冲激光信号的回波信号被激光接收系统中的光电探测器接收，时间间隔电路通过计算激光发射和回波信号到达之间的时间 t，得出目标物体与发射处的距离 L。

（3）相位测距法

相位测距法的测距原理是利用发射波和返回波之间所形成的相位差来测量距离。首先，经过调制的频率激发信号，通过发射系统发出一个正弦波的光束，然后，通过接收系统接收经过障碍物之后反射回来的激光。只要求出这两束光波之间的相位差，便可通过此相位差计算出待测距离。相位测距法的测距原理如图 4-8所示。

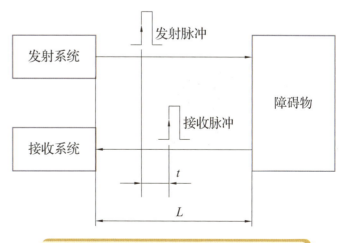

图 4-7　脉冲式激光测距原理

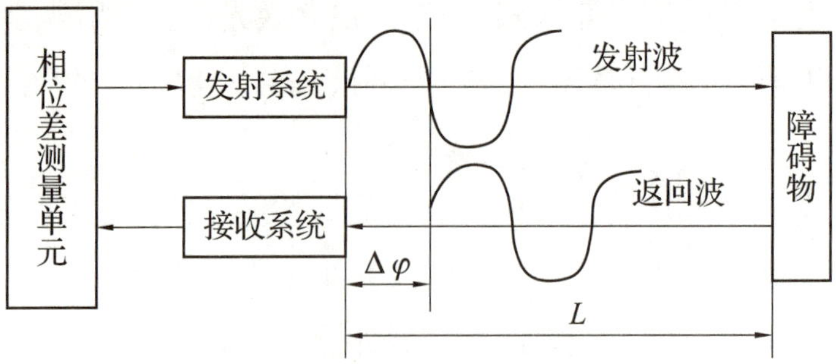

图 4-8 相位测距法的测距原理

激光从发射到接收的时间 Δt 为：

$$\Delta t = \frac{\Delta \varphi}{\omega} = \frac{\Delta \varphi}{2\pi f_m}$$

检测距离 D 为：

$$D = c\frac{\Delta t}{2} = c\frac{\Delta \varphi}{4\pi f_m}$$

式中，Δt 为激光从发射到接收的时间；$\Delta \varphi$ 为发射波和返回波之间的相位差；ω 为正弦波角频率；f_m 为正弦波频率。

三、激光雷达的特点

1. 激光雷达的优点

激光雷达具有以下优点：

①探测范围广。探测距离可达 300 m 以上。

②分辨率高。激光雷达可以获得极高的距离、速度和角度分辨率。通常激光雷达的距离分辨率可达 0.1 m；速度分辨率能达到 10 m/s 以内；角度分辨率不低于 0.1 mrad，也就是说可以分辨 3 km 距离内相距 0.3 m 的两个目标，并可同时跟踪多个目标。

③信息量丰富。可直接获取探测目标的距离、角度、反射强度、速度等信息，生成目标多维度图像。

④可全天候工作。激光主动探测，不依赖于外界光照条件或目标本身的辐射特性，它只需发射自己的激光束，通过探测发射激光束的回波信号来获取目标信息。

2. 激光雷达的缺点

激光雷达具有以下缺点：

①激光雷达的体积较大，不易在汽车上布置。

②激光雷达的成本较高，会大幅提高汽车的成本。

③激光雷达无法识别颜色，因此不能识别交通标志和交通信号灯，如图4-9所示。

④极易受到恶劣天气的影响。

四、激光雷达的应用

1. 车辆高精度定位

激光雷达是根据激光遇到障碍物后的折返时间，计算目标与自己的相对距离。激光光束可以准确测量视场中物体轮廓边沿与设备间的相对距离，这些轮廓信息组成所谓的点云并绘制出3D环境地图，激光雷达便比对车辆初始位置与高精地图信息，其定位精度可达到厘米级别。

图4-9　激光雷达无法识别颜色

①由惯性导航装置、全球定位系统和轮速传感器等提供车辆初步位置。

②将激光雷达局部点云信息进行特征提取，结合初始位置获取全局坐标系下矢量特征。

③将矢量特征与高精地图特征信息进行匹配，获取精确的车辆位置。因此，相对其他车载传感器，激光雷达的定位精度及稳定性方面优势明显。

2. 障碍物识别及目标跟踪

激光雷达可不依赖光照进行实时扫描，扫描视角可达360°，且计算量较小。

在扫描中先对障碍物（车、人、隔离带等）进行识别，从而获取该障碍物的空间位置。对障碍物分类、跟踪，则先通过分割点云关联目标，确认上下帧是否属于同一个物体，再进行目标跟踪，输出目标跟踪信息。

3. 自动泊车系统

安装在车顶或车身四周的激光雷达可以检测车辆停车位的位置，感知周围车辆等障碍物，并将获取的有效信息输入车辆控制系统，为车辆自动泊车的控制决策提供可靠的环境信息。

4. 车道保持辅助系统

借助激光雷达对车道线进行检测，车道保持辅助系统在检测到车辆偏离预计行车轨迹时，通过逻辑运算并做出决策，从而控制车辆按照既定的车道轨迹行驶。激光雷达对车道线检测的方法可基于雷达扫描点密度。该方法为获得所需车道线，需先获取雷达扫描点坐标信息，然后转化为栅格图，最后利用栅格图中点的密度进行提取。该方法实时性好。

5. 防撞及行人保护

车辆通过对激光雷达等传感器采集到的车辆附近环境数据进行快速、实时分析后，可提前开启车辆主动安全系统，并向驾驶员发出警告信号，防止与潜在的障碍物发生碰撞，并在车辆可能发生碰撞前及时停车，避免与行人发生碰撞。

6. 车道偏离预警

如果车辆行驶偏离预定轨迹时，激光雷达会检测车辆行驶前方的车道线，并采集车辆在行驶道路中的实时位置信息，若检测到车辆行驶轨迹发生偏离并存在危险时，车道偏离预警系统便发生预警信号，使车辆驾驶员及时修正行驶路线，按照预定轨迹行驶。

7. 自动紧急制动

激光雷达通过对车辆行驶路线前方存在可能发生碰撞的静态或动态危险障碍物进行检测，并将采集信息发送给车辆系统，系统分析可能发生危险时做出决策，使车辆自动紧急制动。

技能实训

五、激光雷达的拆装 》》

任务工单 – 激光雷达的拆装

（1）任务准备

①操作设备：智能网联教学车。

②工具 / 材料：开口扳手套装、内六角扳手套装、螺丝刀套装、角度尺、倾角仪、卷尺。

③人员分工：组长 1 名，记录人员 2 名，检验员 2 名，操作人员若干，以上角色可通过选举、抽签或老师指定等方式担任，通过多个任务的训练，争取让每个学生轮流担任不同角色，以提升学生的综合素质。

④实训场地：智能网联汽车实训室。

（2）任务实施

拆装前防护	
个人防护：维修人员穿好工装，戴好手套。	整车防护：车内部铺设脚垫、座椅套和转向盘套；车外铺设翼子板和前格栅护罩。

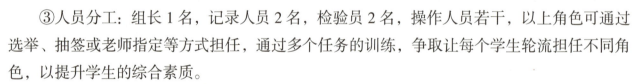

激光雷达系统的拆卸

步骤一：激光雷达的拆卸。

1. 准备工作。 （1）检查确认自动驾驶电源开关处于 OFF 挡。	（2）检查确认点火开关处于 OFF 挡。

2. 拆卸激光雷达插接器。 注意：激光雷达插接器由螺纹紧固。	3. 使用 M5 和 M6 内六角扳手松开激光雷达调整支架 4 颗固定螺栓，使雷达能够偏离一定角度。

4. 激光雷达倾斜一定角度后，用手扶住雷达本体，然后使用十字螺丝刀拆卸 4 颗固定螺栓。注意：激光雷达为易碎件，拆卸时避免磕碰。

	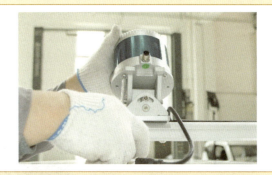

5. 使用开口扳手拆卸激光雷达调整支架的两颗固定螺栓，拿下调整支架。

步骤二：激光雷达适配盒的拆卸。

1. 拆卸激光雷达适配盒上的电源插头和以太网插头。	2. 使用螺丝刀拆卸激光雷达适配盒的固定螺栓。

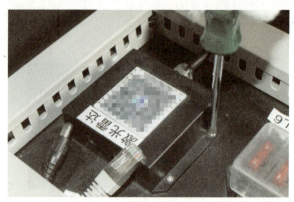

3. 拆卸激光雷达适配盒的线束，取下激光雷达适配盒，至此激光雷达拆卸完成。

激光雷达系统的安装

步骤一：激光雷达适配器的安装。

1. 将激光雷达适配器放置到安装位置，使用十字螺丝刀安装并紧固4颗固定螺栓，力矩为（6±2）N·m。	2. 安装激光雷达适配器的电源接口和以太网接口，至此激光雷达安装完成。

步骤二：激光雷达的安装。

安装要求：根据智能网联教学车对激光雷达信号采集的要求，激光雷达需要安装在车顶中心位置。

1. 安装激光雷达调整支架。

（1）使用盒尺测量车顶支撑杆的中心位置，作为激光雷达调整支架的安装位置。

（2）将激光雷达调整支架放到安装位置，确保支架下平面与安装平面贴合。

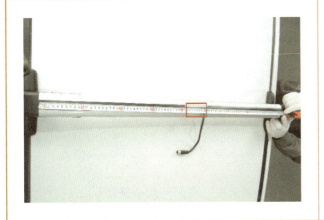

（3）安装两颗激光雷达支架固定螺栓，使用M12扳手紧固，紧固力矩为18~22 N·m。

2. 安装激光雷达。

（1）将激光雷达正确放置到调整支架。要求激光雷达的0°点（插接器接口）指向车辆的正后方。

（2）安装激光雷达的4颗固定螺栓，并使用十字螺丝刀紧固，紧固力矩为4~7 N·m。

（3）使激光雷达的上平面处于水平位置，然后初步紧固调整支架的调整螺栓。

步骤三：激光雷达安装角度调整。

1.调整激光雷达的偏航角。

使用角度尺，测量激光雷达的偏航角，确定偏航角为 0°±1°。

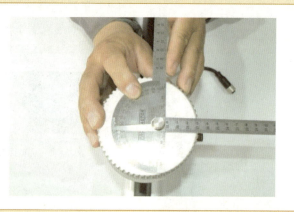

2.调整激光雷达的俯仰角。

（1）使用倾角仪测量激光雷达的俯仰角，并调整激光雷达调整支架，将俯仰角调整到 0°±1°。

（2）调整完成后，紧固调整支架的调整螺栓，力矩为（13±2）N·m。

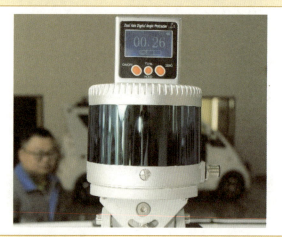 

3.调整翻滚角。

（1）使用倾角仪测量激光雷达的翻滚角，并调整激光雷达调整支架，将翻滚角调整到 0°±1°。

（2）调整完成后，紧固调整支架的调整螺栓，力矩为（13±2）N·m。

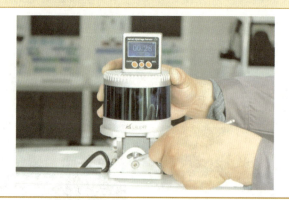

（3）任务评价

完成实训任务后，对任务完成情况进行评价。

任务二 激光雷达的调试与标定

任务目标

◇ 掌握查找本地设备 IP 地址的命令；

◇ 掌握更改本地设备 IP 地址的方法流程；

◇ 掌握激光雷达标定的参数及标定方法；

◇ 掌握激光雷达点云数据处理的方法；

◇ 能够独自完成激光雷达通信调试和标定；

◇ 能够通过软件设置处理激光雷达点云数据。

情景导入

　　小杨在一家智能网联汽车研发企业工作，负责智能传感器的装调与测试工作。今天，他的工作是将一个激光雷达安装到某一型号的智能汽车上，并完成激光雷达的调试及标定工作，形成调试与标定报告，反馈给研发人员。

　　如果你是小杨，能否经过下面的学习，胜任这份工作？

应知应会

一、激光雷达通信调试

　　激光雷达通信调试的目的是确定激光雷达与上位机之间能够正常通信。激光雷达通常使用以太网与上位机通信，以太网的通信涉及 IP 协议。IP 协议是为计算机网络相互连接进行通信而设计的协议，而 IP 地址就代表了这台设备或计算机上网的门牌号地址，而且这个地址是唯一的。

　　以智能网联教学车的激光雷达为例，介绍 IP 地址的设置方法和要求。设置激光雷达 IP

时，本地 IP 与目的 IP 不能设置为同一 IP，否则激光雷达将不能正常工作；此外，本地 IP 与目的 IP 必须在同一网段，否则激光雷达不能连通（跨网段设置路由除外）。激光雷达网络参数确定的 IP 地址和端口号设置要求如表 4-1 所示。

表 4-1 激光雷达 IP 地址和端口号设置要求

设备	IP 地址	UDP 设备包端口	UDP 数据包端口
激光雷达	192.168.1.200	2368	2369
上位机	192.168.1.102	2369	2368

智能网联教学车完成激光雷达的装配后，要将上位机（计算平台）的 IP 地址改成：192.168.1.102，如图 4-10 所示。

1. 上位机 IP 地址检查

更改 IP 地址之前，如何知道 IP 地址是否正确呢？可以进行上位机地址检查。

上位机地址检查可通过命令完成，调取 IP 地址的专用命令为：① Windows 系统的命令是"ipconfig"；② Linux 系统的命令是"ifconfig"。将相应命令输入终端命令行，按回车键确认，就可以检查计算平台上的 IP 地址，如图 4-11 所示。

图 4-10 更改计算平台的 IP 地址

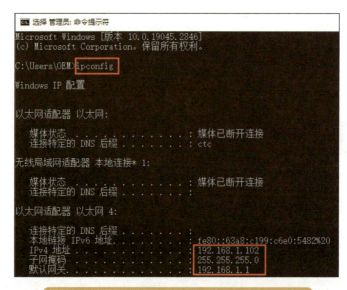

图 4-11 检查激光雷达目标 IP 地址

2 激光雷达通信调试

检查激光雷达是否通信，可使用"ping"命令。ping命令是个使用频率极高的网络诊断命令，在Windows、UNIX和Linux系统下均适用。它是TCP/IP协议的一部分，用于确定本地主机是否能与另一台主机交换数据包。根据返回的信息，我们可以推断TCP/IP参数设置是否正确以及运行是否正常。将"ping＋目标IP"输入命令行，按回车键确认，即可获取本地主机与另一台主机的交换数据包。激光雷达的网络地址测试命令为"ping 192.168.1.200"，其数据反馈如图4-12所示；计算平台端网络地址测试命令为"ping 192.168.1.102"，其反馈如图4-12（b）所示。

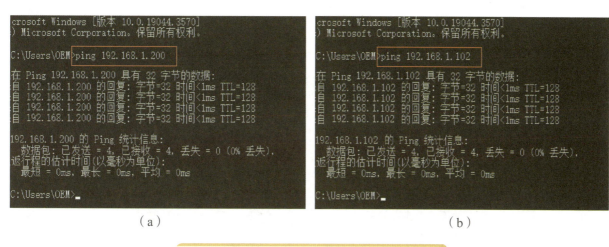

（a） （b）

图4-12 ping命令的使用

（a）激光雷达网络地址测试；（b）计算平台端网络地址测试

二、激光雷达的标定

激光雷达标定在自动驾驶中具有重要的作用。激光雷达标定是指对激光雷达传感器内部参数和外部参数进行评估的过程，包括激光束旋转中心、扫描面的倾斜角度、激光束发散度等内部参数，以及激光雷达相对于车辆坐标系的位置和方向等外部参数。激光雷达标定的目的是使激光雷达采集到的点云数据在车辆坐标系下准确地表示出来，以便后续的SLAM、目标检测和路径规划等任务。因此，激光雷达的精确标定对于自动驾驶车辆的定位和导航非常关键。激光雷达的标定分为内参标定和外参标定。

1 激光雷达的内参标定

激光雷达的内参标定是对内部激光发射器坐标系和雷达自身坐标系之间的转换关系进行标定，该过程会在出厂前完成。通过内参标定，获取雷达的垂直角度、水平角度和距离参数，可将极坐标下的角度和距离信息转化到笛卡儿坐标系下的x、y、z坐标值，坐标映射如图4-13所示，转换关系如下式所示：

$$\begin{cases} x = r\cos\alpha\sin\theta \\ y = r\cos\alpha\cos\theta \\ z = r\sin\alpha \end{cases}$$

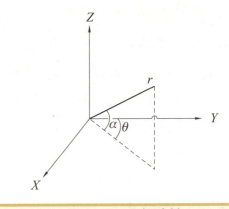

式中，r 为距离；α 为垂直角度；θ 为水平旋转角度；x、y、z 为极坐标投影到 X、Y、Z 轴上的坐标。

图 4-13　坐标映射

2. 激光雷达的外参标定

　　将激光雷达安装在自动驾驶系统中时，需要进行外参标定，也就是对激光雷达自身坐标系与车体坐标系的关系进行标定，如图 4-14 所示。设定激光雷达以正上方为 Z 轴，电缆线接口方向为 Y 轴的负方向，通过右手法则确定 X 轴方向。激光雷达在安装过程中，其 Y 轴在 Y-Z 平面内可能与车辆坐标系 Y 轴之间存在一俯仰角 ω，X 轴可能在 X-Y 平面内与 Y 轴存在一横摆角 α，在进行激光雷达外参标定时应将其修正。

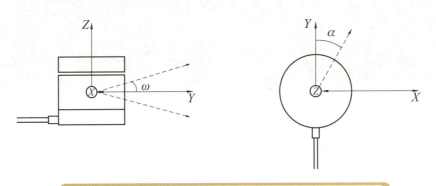

图 4-14　激光雷达坐标系与车体坐标系的转换

三、激光雷达的点云滤波处理

　　激光雷达在获取点云数据时，由于设备的精度、周围环境等因素的影响，点云数据将不可避免地出现一些噪声点。滤波的作用就是利用数据的低频特性，剔除离群数据，并进行数据平滑或者提取特定频段特征。

　　点云滤波是点云预处理的第一步，只有将噪声点、离群点、孔洞、数据压缩等做相关处理后，才能更好地进行特征提取、配准、曲面重建、可视化等高阶应用。

　　常见的点云滤波处理有：直通滤波、体素化网格滤波、统计离群点滤波、半径离群点滤波和欧式聚类等。

1. 直通滤波

　　直通滤波（Passthrough Filter）是一种常用的点云滤波方法，其主要目的是将点云数据在某个维度上的数据范围限制在一个指定的区间内，以去除不需要的点云数据。直通滤波可以用于去除点云数据中的离群点（outliers）、噪声（noise）、背景（background）等无用的点云数据，从而提高点云数据的质量和准确性。

激光扫描采集的距离较远，但是根据功能需求的不同可能只关心一定区域内的数据，比如低速物流车的运营场景，可能在 X 方向只关心前后 60 m，Y 方向只关心左右 20 m 的范围。此时就可以利用直通滤波器提取出感兴趣区域，可较快剔除部分点云，达到第一步粗处理的目的。

直通滤波器的工作原理是，在点云的指定维度上设置一个阈值范围，将维度上的数据分为在阈值范围内和不在阈值范围内，然后再进行过滤。直通滤波器能够快速过滤掉用户自定义区间范围内的点云，如图 4-15 所示。

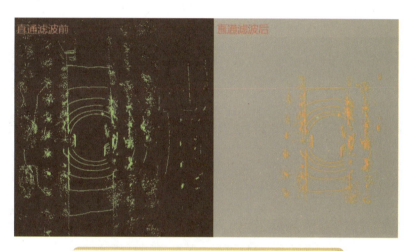

图 4-15　直通滤波原理

2 体素化网格滤波

体素化网格滤波根据给定的点云构造一个三维体素网格并进行下采样达到滤波的效果。通过输入的点云数据创建一个三维体素网格，然后将每个体素内所有的点都用该体素内的代表点（重心）来近似，这样就大大减少了数据量，如图 4-16 所示。

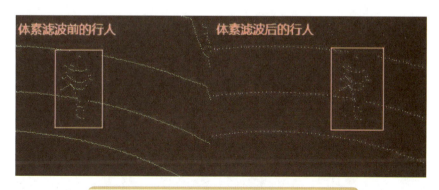

图 4-16　体素化网格滤波

体素化网格滤波器可以达到向下采样同时不破坏点云本身几何结构的功能，但是会移动点的位置。点云几何结构不仅是宏观的几何外形，也包括其微观的排列方式，比如横向相似的尺寸、纵向相同的距离。随机下采样效率虽然比体素化网格滤波器高，但会破坏点云微观结构。此外体素化网格滤波器可以去除一定程度的噪声点及离群点。

3. 统计离群点滤波

统计离群点滤波器（Statistical Outlier Removal Filter）用于去除明显离群点。离群点的特征是在空间中分布稀疏。激光扫描通常会生成不同点密度的点云数据集，测量误差也会产生稀疏的异常值离群点。考虑到离群点的特征，则可以定义某处点云小于某个密度时，该点云无效。具体步骤为对于每个点，计算它到其最近的 k 个点的平均距离。假设点云中其点的距离结果分布是具有均值和标准差的高斯分布，那么根据给定均值与方差，平均距离在标准范围之外的点，则可以被定义为离群点，所以可以从数据中去除，如图 4-17 所示。

图 4-17　统计离群点滤波

统计离群点滤波主要是根据密度去除离群点（去噪），对密度差异较大的离群点效果较好。

4. 半径离群点滤波

半径离群点滤波器（Radius Outlier Removal Filter）通过计算每个点与周围点的距离，判断该点是否为离群点，并将其从点云数据中去除，如图 4-18 所示。

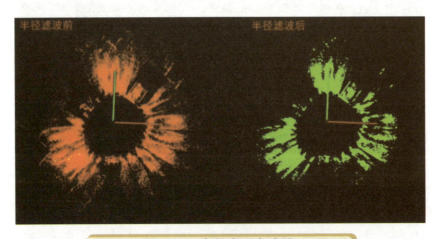

图 4-18　半径离群点滤波

半径离群点滤波器与统计离群点滤波器相比，滤波处理方式更加简单。以某点为中心画一个圆计算落在该圆中点的数量，当数量大于给定值时，则保留该点，数量小于给定值时则剔除该点。此算法运行速度快，依序迭代留下的点一定是最密集的，但是圆的半径和圆内点的数目都需要人工指定。

5. 欧式聚类

欧式聚类是一种点云分割方法。它的原理非常简单，就是以一个点开始，设置一个距离，小于这个距离的，则认为是同一个类型，大于这个距离的则不是同一个目标，找到附近的点之后再重复上述步骤，直到找不到最近的点为止，这样就得到了一个簇，依次类推，迭代点云中其他的点，最后点云就会分割成一个个的簇，如图 4-19 所示。

图 4-19　欧式聚类

✎ 技能实训

激光雷达的通信调试

四、激光雷达的调试、标定与测试 ≫

1. 激光雷达的通信调试

任务工单 - 激光雷达通信调试

（1）任务准备

①操作设备：智能传感器装配调试台架 + 智能网联教学车。

②工具 / 材料：记录本、签字笔。

③人员分工：组长 1 名，记录人员 2 名，检验员 2 名，操作人员若干，以上角色可通过选举、抽签或老师指定等方式担任，通过多个任务的训练，争取让每个学生轮流担任不同角色。

④实训场地：智能网联汽车实训室。

（2）任务实施

进行通信调试前，首先确认设备连接正确，能够正常使用。

实训目的：通过通信调试，确定激光雷达能够与计算平台正常通信。	
调试前防护	
个人防护：维修人员穿好工装，戴好手套。	整车防护：车内部铺设脚垫、座椅套和转向盘套；车外铺设翼子板和前格栅护罩。

工控机/计算平台以太网 IP 地址设置	
步骤一：准备工作。	
1.给激光雷达供电。 （1）踩下制动踏板，将点火开关打到 ON 挡，启动智能网联教学车。	（2）将自动驾驶系统电源开关打到 ON 挡。
	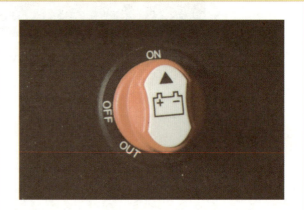
2.打开智能传感器装配调试台架的工控机。按下工控机上的开关，打开工控机。	

步骤二：检查工控机 IP 地址。

1. 在工控机桌面上打开终端。按下快捷键"Windows +X"，弹出菜单栏，选择命令提示符，打开终端。

2. 输入命令"ipconfig"，按回车键确认，查看工控机以太网端口的 IP 地址。正常 IP 地址为激光雷达识别地址：192.168.1.102。

步骤三：设置 IP 地址。

1. 如果工控机以太网端口 IP 地址不正确，需要更改 IP 地址。

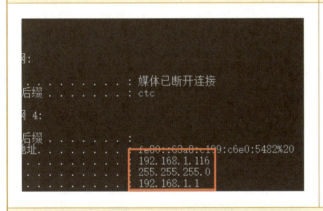

2. 鼠标右键单击网络图标，打开菜单栏，选择"打开'网络和 Internet'设置"按钮，打开相应界面。

3. 在界面中，单击"更改适配器选项"按钮，打开相应界面。

4. 鼠标右键单击以太网连接图标，进入菜单栏。在菜单栏选择"属性"按钮，打开属性界面。

5. 在属性界面，双击"Internet 协议版本 4（TCP/IPv4）"，进入 IP 地址匹配界面。

6. 选中"使用下面的 IP 地址（S）"单选按钮；将 IP 地址设为"192.168.1.102"，子网掩码设为"255.255.255.0"，然后单击"确定"按钮。工控机 / 计算平台以太网 IP 地址设置完成。

激光雷达通信调试

1. 在命令行输入"ping 192.168.1.200"，按回车键确认，发送数据请求。如果激光雷达回应请求，发送给工控机数据包信息，则表明激光雷达与工控机通信正常。

2. 在命令行输入"ping 192.168.1.102"，按回车键确认，发送数据请求。如果工控机回应请求，并发送数据包信息，则表明工控 IP 地址正常。如果两个地址都有数据反馈，表明激光雷达通信调试成功。

（3）任务评价

完成实训任务后，对任务完成情况进行评价。

2. 激光雷达的标定及测试

激光雷达的标定及测试

（1）任务准备

①操作设备：智能传感器装配调试台架 + 智能网联教学车。

②工具 / 材料：水平尺、激光测距仪、倾角仪、角度尺、内六角扳手套装。

③人员分工：组长 1 名，记录人员 2 名，检验员 2 名，操作人员若干，以上角色可通过选举、抽签或老师指定等方式担任，通过多个任务的训练，争取让每个学生轮流担任不同角色。

④实训场地：智能网联汽车实训室。

任务工单 – 激光雷达的标定及测试

（2）任务实施

实训前，确保智能传感器装配调试台架与智能网联教学车正确连接。

调试前防护	
个人防护：实训人员穿好工装，戴好手套。	整车防护：车内部铺设脚垫、座椅套和转向盘套；车外铺设翼子板和前格栅护罩。

激光雷达的标定	
步骤一：激光雷达安装定位测量。	
激光雷达标定数据测量，包含安装高度和安装角度的测量。（1）使用激光测距仪和水平尺，测量激光雷达的高度。实际测量值：激光雷达顶部距地面高度为 180 cm；激光雷达高为 10 cm；激光雷达中心高度为 180–10/2=175 cm。	（2）使用倾角仪测量激光雷达的俯仰角，要求俯仰角为 0°±1°。实际测量值为 0°。

（3）使用倾角仪测量激光雷达的翻滚角，要求翻滚角为 0° ±1°。实际测量值为 0°。

（4）使用角度尺测量激光雷达的偏航角，要求偏航角为 0° ±1°。实际测量值为 0°。

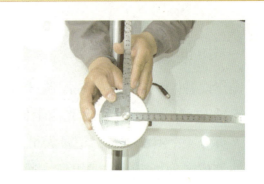

步骤二：激光雷达的标定及激光雷达启动。

1. 双击桌面上的激光雷达测试软件快捷方式打开激光雷达软件。将标定数据填入软件中的安装配置栏。

2. 单击"配置"按钮，启动激光雷达，至此激光雷达标定完成。

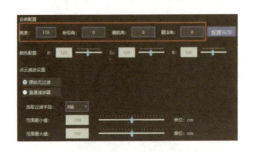

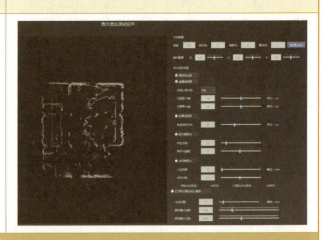

激光雷达的测试

步骤一：颜色配置。
可改变点云的颜色，与激光雷达返回数据的强度有直接关系。

1. 拖动 R（红色）滑动条，观察点云的变化；拖动 G（绿色）滑动条，观察点云的变化；拖动 B（蓝色）滑动条，观察点云的变化。

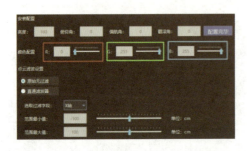

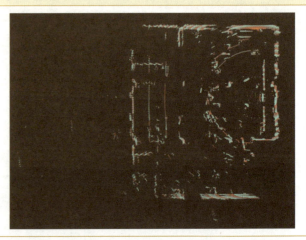

2. 将红色滑动条设为 140；绿色滑动条设为 140；蓝色滑动条设为 100，观察点云数据的状态。

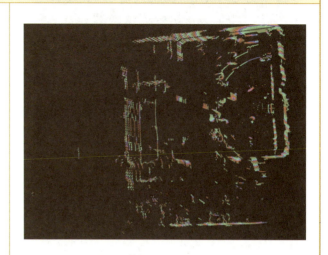

步骤二：点云滤波设置。

用于滤除点云中的噪点、离散点等干扰数据。分为直通滤波、体素化网格滤波、统计离群点滤波、半径离群点滤波等。

1. 直通滤波设置。在 X、Y、Z 三轴方向上去掉指定区域的点云。

直通滤波前

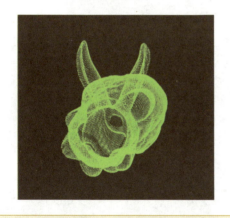

直通滤波后

（1）X 轴方向点云去除区域设置。

① 选中"直通滤波器"单选按钮。

② 在"选取过滤字段"选择 X 轴，然后任意设置范围最小值和范围最大值，查看点云数据的变化。

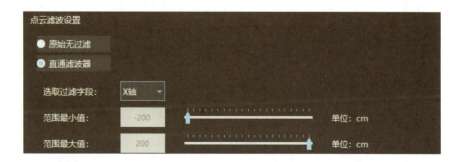

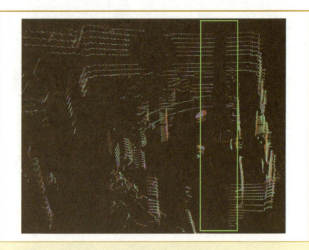

（2）Y轴方向点云去除区域设置。

选择 Y 轴，任意设置范围最小值和范围最大值，查看点云数据的变化。

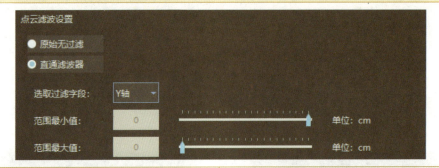

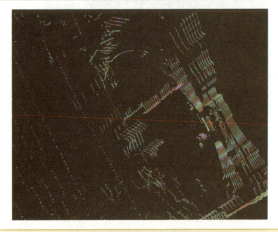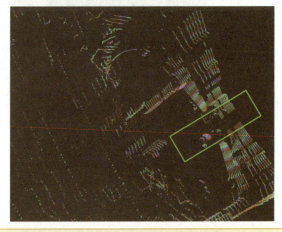

（3）Z轴方向点云去除区域设置。

选择 Z 轴，任意设置范围最小值和范围最大值，查看点云数据的变化。

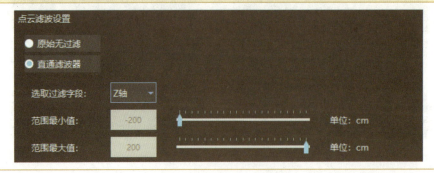

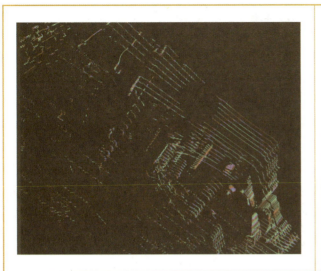
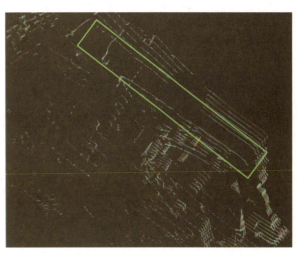

2.体素化网格滤波设置。以设定边长创建一个三维立方体，用每个立方体的重心代替体素中的其他点，用于减少点云中点的数量，减少计算平台的处理数据。

体素化网格滤波前

体素化网格滤波后

（1）选中"体素化网格"单选按钮，任意设置体素体积边长，观察点云数据的变化。

（2）将体素体积边长设置为 25 cm，观察点云数据的变化；观察原始点云数量与过滤后点云数量。

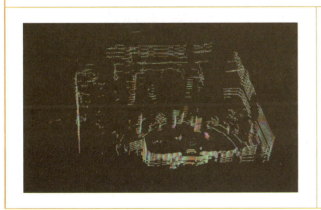

3.统计离群点滤波设置。对每个点的邻近区域进行统计分析，修剪掉不符合设定标准的点。

统计离群点滤波前

统计离群点滤波后

（1）选中"统计离群点"单选按钮，任意设定邻近点数和离群点阈值，查看点云数据的变化。

（2）将邻近点数设为5个；离群点阈值设为20，查看点云数据的变化。

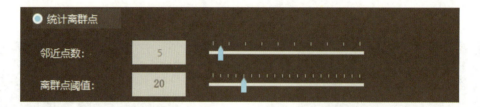

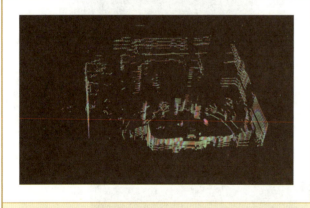

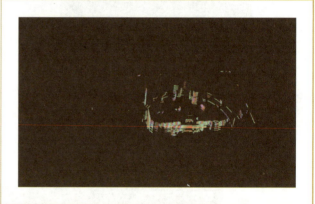

4.半径离群点滤波设置。对每个点设定一个圆形范围，并设定范围内邻近点数，邻近点数不够的点被过滤。

半径离群点滤波前

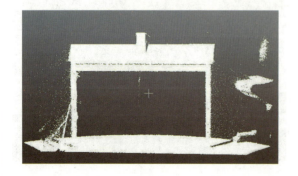

半径离群点滤波后

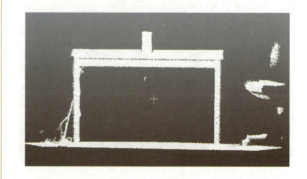

（1）选中"半径离群点"单选按钮，任意设置半径范围和邻近点数，查看点云数据的变化。

（2）将半径范围设为 30 cm；邻近点数设为 5，查看点云数据的变化。

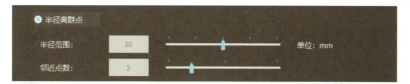

步骤三：欧式聚类设置。用于将相似的样本自动归到一个类别中。

欧式聚类点云设置，用于区分物体的边界。软件中，可设置半径范围、聚类最少点数、聚类最大点数。

欧式聚类前点云	欧式聚类前后点云（聚类成 4 部分）

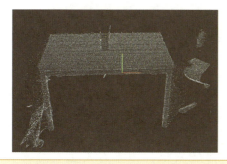

（1）选中"打开欧式聚类点云提取"单选按钮，任意设置半径范围、聚类最少点数、聚类最大点数，查看点云变化。

（2）将聚类点云提取半径范围设为 40，聚类最少点数设为 100，聚类最大点数设为 2 400，查看点云变化。

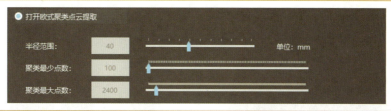

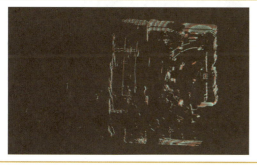
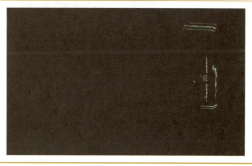

（3）任务评价

完成实训任务后，对任务完成情况进行评价。

任务三　激光雷达的故障检修

任务目标

◇ 能够正确识读激光雷达电路图；

◇ 能够正确查找激光雷达插接器针脚定义；

◇ 熟悉激光雷达电路故障的诊断方法和诊断流程；

◇ 能够独自完成激光雷达电路故障诊断。

情景导入

　　小杨在一家智能网联汽车研发企业工作，负责智能传感器的故障检测工作。今天，客户反映智能仪表提示"激光雷达故障，行驶模式将采用低速爬行模式或人工驾驶模式"，问题被反映到小杨这里，需要小杨评估这个故障有没有安全隐患，多长时间能够维修完成。

　　如果你是小杨，通过评估自己的知识和技能，能否快速解决故障问题？

应知应会

一、激光雷达电路识读

　　激光雷达电路图如图4-20所示，包括激光雷达传感器、激光雷达适配器、电源及连接线束。激光雷达传感器通过线束与激光雷达适配器连接，计算平台通过以太网与激光雷达适配器连接。激光雷达适配器T2/1端子通过熔断器FL2连接电源总开关，T2/2端子搭铁。电源输入范围为9~16 V DC。它的工作过程为：将自动驾驶电源开关打到ON挡，激光雷达和计算平台通电工作，激光雷达将点云信息通过以太网经过激光雷达适配器发送给计算平台。

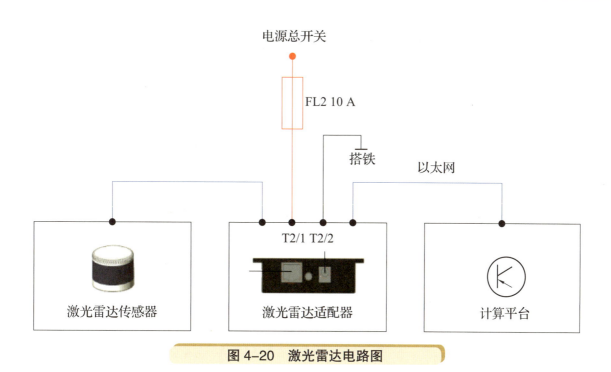

图 4-20　激光雷达电路图

二、激光雷达插接器及网络接口介绍

下面以智能网联教学车安装的 16 线激光雷达为例，介绍激光雷达的插接器和网络接口。激光雷达的接口主要包括激光雷达传感器插接器接口、激光雷达适配器以太网接口。

激光雷达传感器插接器接口在激光雷达下端侧面引出线缆连接航空插头，线缆为 8 芯屏蔽线，如图 4-21 所示。

激光雷达端 8 芯线缆的规格和针脚定义，如表 4-2 所示。

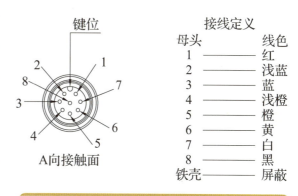

图 4-21　激光雷达端线缆接口

表 4-2　激光雷达端 8 芯线缆的规格和针脚定义

序号	线缆的颜色和规格	定义	功能说明
1	红色（20AWG）	V_{CC}	电源正极
2	浅蓝（24AWG）	TD_N	以太网发射差分负端
3	蓝色（24AWG）	TD_P	以太网发射差分正端
4	浅橙（24AWG）	RD_N	以太网接收差分负端
5	橙色（24AWG）	RD_P	以太网接收差分正端
6	黄色（20AWG）	GPS_PPS	GPS 同步秒脉冲/外同步秒脉冲
7	白色（20AWG）	GPS_Rec	GPS 接收
8	黑色（20AWG）	GND	电源负极（GND）

16 线激光雷达适配器接口包括孔径 2.1 mm 的 DC 插座、百兆网 RJ45 网口等，如图 4-22 所示。

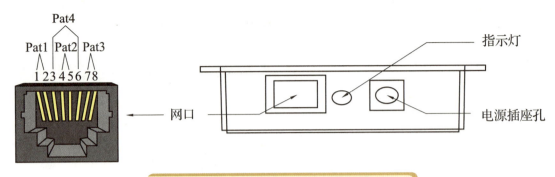

图 4-22　激光雷达适配器插接器接口

激光雷达适配器接口的规格和针脚定义，如表 4-3 所示。

表 4-3　激光雷达适配器接口的规格和针脚定义

针脚号	定义	功能说明
1	TX+	Transmit Data+（发送数据 +）
2	TX−	Transmit Data−（发送数据 −）
3	RX+	Receive Data+（接收数据 +）
4	NC	Not connected（未连接）
5	NC	Not connected（未连接）
6	RX−	Receive Data−（接收数据 −）
7	NC	Not connected（未连接）
8	NC	Not connected（未连接）

 **技能实训**

三、激光雷达电路故障检修

激光雷达电源故障检修

（1）任务准备

①设备准备：智能传感器装配调试台架 + 智能网联教学车。

②工具 / 材料：调试电脑、万用表、探针、跨接线。

③人员分工：组长 1 名，记录人员 2 名，检验员 2 名，操作人员若干，以上角色可通过选举、抽签或老师指定等方式担任，通过多个任务的训练，争取让每个学生轮流担任不同角

激光雷达电源
故障检修

任务工单 – 激
光雷达电源故
障诊断

色，以提升学生的综合素质。

④实训场地：智能网联汽车实训室。

（2）任务实施

①实训前，首先确保实训设备连接正确，功能完整，能够正常使用。

②老师指导学生，使用专用故障设置设备进行故障设置。

故障说明：执行自动驾驶测试时，发现自动驾驶软件无法打开激光雷达。	
故障检测前防护	
个人防护：维修人员穿好工装，戴好手套。	整车防护：车内部铺设脚垫、座椅套和转向盘套；车外铺设翼子板和前格栅护罩。

故障检修	
步骤一：故障再现。	
1.踩下制动踏板，将点火开关打到 ON 挡，启动智能网联教学车。	2.将无人驾驶系统电源开关打到 ON 挡，启动自动驾驶系统。

3.打开自动驾驶软件（见"项目一"—"任务三"—"技能实训"—"三、毫米波雷达故障检修"—"步骤一：故障再现"）。	

4.在自动驾驶软件上，选择"激光雷达实训内容"，选中"开启激光雷达"单选按钮，激光雷达无法开启。	

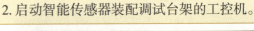

步骤二：故障初步检查。

1.将车辆与智能传感器装配调试台架正常连接。	2.启动智能传感器装配调试台架的工控机。

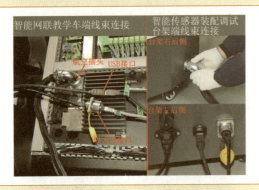

3.执行激光雷达通信调试，检查其能否正常通信。（1）打开终端界面。按下快捷键"Windows+X"，弹出菜单栏，选择"命令提示符"，打开终端窗口。	（2）在命令行输入"ping 192.168.1.200"，按回车键确认，查看激光雷达能否正常通信。检查发现，激光雷达通信中断。

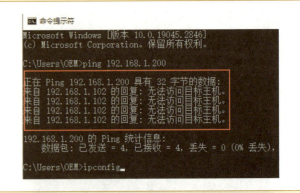

4.通过初步检查，确认工控机与激光雷达通信断路。可能的原因有：①激光雷达电源或搭铁线路故障。②激光雷达通信线路故障。③激光雷达故障。④工控机故障。

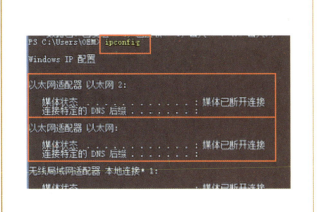

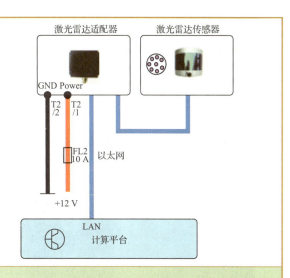

步骤三：故障检测。

1. 根据电路图，测量激光雷达的电源是否正常。	将万用表置于电压挡，用红表笔连接 T2/1 针脚，黑表笔连接车身搭铁，正常应为 9~16 V，而实际测量值约为 0 V，可确认激光雷达电源存在异常。

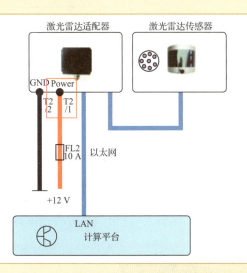

2. 根据电路图及电源测量结果，测量激光雷达电源熔断器是否正常。	（1）将万用表置于电压挡，用红表笔连接熔断器 FL2-1 针脚，黑表笔连接车身搭铁，正常应为 9~16 V，而实际测量值为 14.06 V，可确认熔断器供电端电压正常。

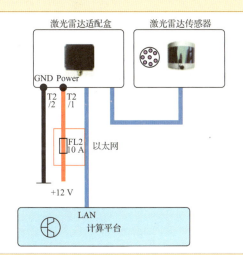

（2）将红表笔连接熔断器 FL2-2 针脚，黑表笔连接车身搭铁，正常应为 9~16 V，而实际测量值为 14.06 V，可确认熔断器输出端电压正常。

3. 经过以上测试，确定熔断器 FL2 到激光雷达电源端子间的线路存在断路故障。

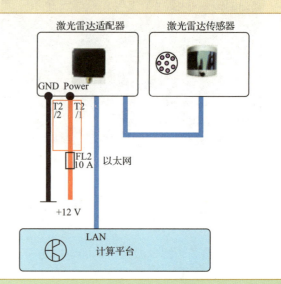

步骤四：故障维修。

维修激光雷达的电源线路。

步骤五：维修后检查。

在智能网联教学车上，打开自动驾驶软件。选择"激光雷达实训内容"，选中"开启激光雷达"单选按钮，软件上出现激光雷达点云数据，表明激光雷达故障排除。

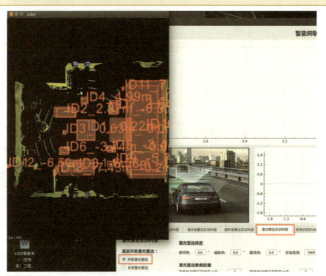

（3）任务评价

完成实训任务后，对任务完成情况进行评价。

项目五

视觉传感器的装调与检修

项目目标 →

知识目标

◇ 熟悉视觉传感器的功能和分类；

◇ 掌握视觉传感器的结构及工作原理；

◇ 熟悉视觉传感器的特点及应用。

技能目标

◇ 能够熟练使用安装视觉传感器时所需的工具；

◇ 能够独立完成视觉传感器安装并牢记注意事项；

◇ 能够完成视觉传感器的标定工作；

◇ 能够完成视觉传感器的故障诊断工作。

素养目标

◇ 通过教材和老师的引导，培养学生热爱学习、善于思考的习惯；

◇ 通过教材实训环节的设置，培养学生团结协作、互帮互助的精神；

◇ 通过实操步骤的练习，培养学生标准操作、规范作业、精益求精的工匠精神；

◇ 通过教材中对安全和质量的阐述，培养学生的质量意识、安全意识、节能环保意识等职业素养。

任务一 视觉传感器的拆装

任务目标

◇ 了解视觉传感器的功能和分类；

◇ 掌握视觉传感器的结构和工作原理；

◇ 熟悉视觉传感器的特点及应用场景；

◇ 能够独自完成视觉传感器的拆装。

情景导入

小杨在一家智能网联汽车研发企业工作，负责智能传感器的装调与测试工作。今天，他的工作是将一个视觉传感器安装到某一型号的智能汽车上并完成视觉传感器的拆装工作，形成拆装报告，反馈给研发人员。

假如你是小杨，能够经过下面的学习，胜任这份工作吗？

应知应会

一、视觉传感器的功能和分类

1. 视觉传感器的功能

视觉传感器是指通过对摄像头拍摄到的图像进行图像处理，对目标进行检测，并输出数据和判断结果的传感器。

视觉传感器具有广泛的用途，比如多媒体手机、网络摄像、数码相机、机器人视觉导航、汽车安全系统、生物医学像素分析、人机界面、虚拟现实、监控、工业检测、无线远距离传感、显微镜技术、天文观察、海洋自主导航、科学仪器等。这些不同的应用均是基于视觉图像传感器技术。

视觉传感器在智能网联汽车或无人驾驶汽车上的应用是以摄像头（机）形式出现，并搭载先进的人工智能算法，便于目标检测和图像处理。

己. 视觉传感器的分类

根据镜头和布置方式的不同，视觉传感器主要有四种：单目视觉传感器、双目视觉传感器、三目视觉传感器和环视视觉传感器。

（1）单目视觉传感器

单目视觉传感器如图 5-1 所示。单目视觉传感器是汽车上使用最多的传感器，它的安装位置根据应用场景确定。单目视觉传感器在传统汽车上的应用非常广泛，如安装在车尾，主要用于倒车影像功能；安装在车辆前风挡位置，用于行车记录功能；安装在车侧，用于车辆两侧盲区监测等。

单目视觉传感器应用到智能网联汽车上，它的功能也多种多样。比如：安装在车辆前风挡的中心位置，用于探测车辆前方环境，识别道路、车辆、行人、路沿、车道线等；安装在车辆的两侧，用于探测车侧的环境，检测车侧盲区位置的车辆；安装在车辆后，用于监测后方车辆，实现后方碰撞预警等功能。

（2）双目视觉传感器

如图 5-2 所示，双目视觉传感器由两个车载摄像头组成，以模仿人类双眼功能的方式，实现对物体的距离、大小等状态的感知。

图 5-1　单目视觉传感器

图 5-2　双目视觉传感器

双目视觉传感器安装在车辆前风挡的中间位置，一般呈对称分布，双目数据传感器能够实现单目视觉传感器的所有功能。相比单目视觉传感器，双目视觉传感器具有精准的目标物距离检测功能，不仅可以用于车道偏离预警系统和交通标志识别系统，也可以用于需要精准距离测算的自动紧急制动、静态避障或自适应巡航等功能。双目视觉传感器应用到智能网联车上，两个摄像头的安装距离和安装位置都有要求，两个摄像头还需要进行位置标定，才能将两个传感器结合起来，获取精确的环境信息。

（3）三目视觉传感器

三目视觉传感器如图5-3所示，它实质上是三个不同焦距单目视觉传感器的组合通过三个车载摄像头覆盖不同范围的场景，解决了摄像头无法切换焦距的问题。三目视觉传感器每个车载摄像头有不同感知范围，拥有更好的视野广度和精度。它的感知范围大，需要同时标定三个摄像头，工作量大；软件部分需关联三个摄像头数据，对算法有要求，对芯片算力有要求；整体成本高。

（4）环视视觉传感器

环视视觉传感器安装在车顶中部位置或车辆的前后左右四个方位。一般至少包括4个鱼眼摄像头，摄像头的安装位置是朝向地面的，能够实现360°环境感知，如图5-4所示。环视视觉传感器的感知范围并不大，主要用于车身5~10 m内的障碍物检测、自主泊车时的库位线识别等。鱼眼摄像头为了获取足够大的视野，代价是图像会产生严重的畸变。

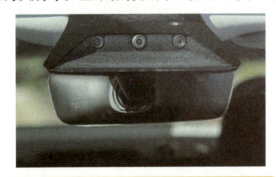

图5-3　三目视觉传感器

图5-4　环视视觉传感器

二、视觉传感器的结构和工作原理

视觉传感器主要由光源、镜头、图像传感器、模数转换器、图像处理器、图像存储器等组成，如图5-5所示，其主要功能是获取足够的机器视觉系统要处理的最原始图像。

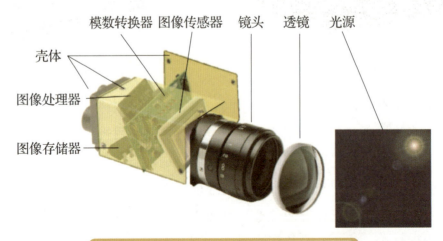

图5-5　视觉传感器结构

广义的视觉传感器主要由光源、镜头、图像传感器、模数转换器、图像处理器、图像存储器等组成；狭义的视觉传感器是指图像传感器，它的作用是将镜头所成的图像转变为数字和模拟信号输出，是视觉检测的核心部件。图像传感器是一种半导体芯片，分为 CCD 图像传感器和 CMOS 图像传感器两种。

1. CCD 成像原理

CCD 图像传感器成像原理是当光线与图像从镜头投射到 CCD 表面时，CCD 就会产生电流，将感应到的内容转换成数码资料储存起来。CCD 像素数目越多，单一像素尺寸越大，收集到的图像就会越清晰。

2. CMOS 成像原理

CMOS 图像传感器是利用硅和锗这两种元素做成的半导体。在 CMOS 图像传感器上共存着带负电的 N 极和带正电的 P 极，这两者的互补效应产生的电流可被处理芯片记录并解码成影像。

CCD 与 CMOS 的主要差异：CCD 图像传感器中每一行中每一个像素的电荷数据都会依次传送到下一个像素中，由最底端部分输出，再经由该传感器边缘的放大器进行放大输出；而在 CMOS 图像传感器中，每个像素都会邻接一个放大器及 A/D 转换电路，用类似内存电路的方式将数据输出。

造成这种差异的原因在于：CCD 的特殊工艺可保证数据在传送时不会失真，因此各个像素的数据可汇聚至边缘再进行放大处理；而 CMOS 工艺的数据在传送距离较长时会产生噪声，因此，必须先放大再整合各个像素的数据。

相比于 CCD，CMOS 虽然成像质量不如 CCD，但是 CMOS 因为耗电小（仅为 CCD 芯片的 1/10 左右）、体积小、质量轻、集成度高、价格低，迅速得到各大厂商的青睐，目前除了专业摄像机，大部分带有摄像头的设备使用的都是 CMOS 图像传感器。

三、视觉传感器的特点

视觉传感器具有以下特点。

①视觉图像的信息量极为丰富，尤其是彩色图像，不仅包含有视野内目标的距离信息，而且还有该目标的颜色、纹理、深度和形状等信息。

②在视野范围内可同时实现车道线检测、车辆检测、行人检测、交通标志检测、交通信号灯检测等，信息获取量大，视觉传感器环境识别如图 5-6 所示。当多辆智能网联汽车同时工作时，不会出现相互干扰的现象。

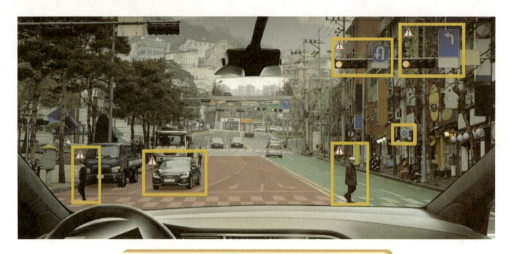

图 5-6　视觉传感器环境识别

四、视觉传感器的应用

智能驾驶汽车的视觉传感器可实现车道偏离预警、前方碰撞预警、行人碰撞预警、交通标志识别、盲点监控、驾驶员注意力监控、全景停车、停车辅助和车道保持辅助等功能。

1. 车道偏离预警系统

车道偏离预警系统是一种通过及时的预警来辅助驾驶员，以减少因为车道偏离引起的交通事故的系统，主要通过摄像头作为环境感知传感器。

当车道偏离预警系统打开时，摄像头将持续检测环境，在各种气候、光照条件下通过图像处理识别车道线（见图 5-7），感知道路几何形状并获得当前车道中的车辆位置参数，结合车辆状态传感器获得车速、转向灯状态、方向盘转角等车辆动态参数，通过车道偏离评估算法评估车道偏离的可能性（根据方向盘的方向、车辆的速度、车辆与车道的角度，来估算偏离时间），必要时通过声音、仪表显示、方向盘 / 座椅震动等人机交互方式提醒、警告驾驶员。如果驾驶员打开转向灯并正常改变车道，车道偏离预警系统将不会给出任何提示。当车辆异常偏离车道时，其传感器将及时收集车辆数据和驾驶员的操作状态，然后由控制器发出警报信号，为驾驶员提供更多的反应时间。

图 5-7　各种环境下的车道线检测结果

2. 车道保持辅助系统

车道保持辅助系统探测到车辆以不低于设定（如 60 km/h）车速行驶时过于靠近车道标线，系统会轻微但可感知地反向转动转向盘，以使车辆保持在正确的道路中。驾驶员可以单独设定转向干预点和干预强度，选择在早期进行轻微干预或者在稍后进行较强干预。系统可通过电子助力转向直接进行干预，也可通过对车辆一侧施加制动而间接进行干预。驾驶员可随时接管该功能，随时保持对车辆的控制。当驾驶员打转向灯有意变换车道或转向时，该功能不会进行干预。

3. 汽车防碰撞系统

汽车防碰撞系统主要用于协助驾驶员避免追尾、与行人/非机动车等交通参与者碰撞、与道路上其他障碍物碰撞等交通事故。汽车防碰撞系统基于摄像头/雷达或多种传感器组合方式，检测前方障碍物并评估碰撞风险，根据风险等级进行各级预警直至主动制动等方式提醒驾驶员或者主动控制车辆，避免碰撞事故发生。

如图 5-8 所示，防碰撞系统使用雷达和摄像头探测汽车前方的行人。如果汽车接近行人，前风挡玻璃上首先会亮起红色警示灯，同时鸣响警报声提醒驾驶员。

如果碰撞危险进一步增加，辅助紧急制动系统开始起作用，减小制动衬块和制动盘之间的距离以缩短制动时间，同时还会增加制动液压，即使驾驶员没有用力踩制动踏板也能进行最有效的制动。如果车辆仍未制动，而系统认为即将发生碰撞，汽车会进行自动制动，最大限度地降低车速，进而避免事故或减少事故带来的伤害。

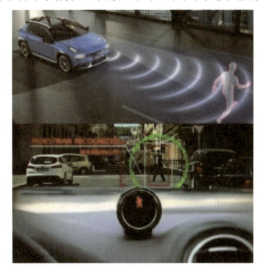

图 5-8　防碰撞系统的预警过程示意图

4. 交通标志识别

如图 5-9 所示，车辆安全系统的交通标志识别系统利用前置摄像头组合模式，通过特征识别算法，识别道路上的交通标志，发出预警信号或自动调整车辆运行状态，遵守交通法规，提高车辆的安全性。此功能可以辅助驾驶员及时发现交通标志。

交通标志识别系统包括检测和识别两部分，由于各国、各地区的交通标志设计标准和规范有很大区别，还需要根据不同区域的交通标志对识别算法进行调整。交通标志通常处于复杂的环境条件下，识别过程易受环境照明和转向的影响。

交通标志识别功能可以帮助驾驶员及时发现并识别各类交通标志，避免因没有及时发现交通指示而违反交通规则等情况，提高了车辆行驶的安全，是智能交通系统和先进辅助驾驶系统的重要组成部分。

图 5-9　交通标志识别

5. 变道辅助系统

　　变道辅助系统的主要功能是扫除后视镜盲区，主要通过侧方摄像头、后视摄像头或雷达检测盲区内影响车辆变道的交通参与者，并通过仪表、后视镜指示灯等方式提示驾驶员，避免因为驾驶员视觉盲区导致的变道/转向过程中发生事故的风险。

　　由于车辆后视镜中有一个视觉盲区，因此在变道或转向过程中，可能无法及时估计或者看到盲区中的车辆，如果盲区内有车辆，则会发生车道碰撞；另外，在大雨、雾天、夜间光线暗淡的情况下，更难看到后面的车辆，变道或者转向发生交通事故的风险也会增加。

　　变道辅助系统可以解决后视镜盲点问题，如图 5-10 所示，摄像头或者雷达用于探测车辆两侧后视镜盲点内的超车车辆，提醒驾驶员在变道过程中避免后视镜盲点，从而避免事故的发生。

　　当在盲区监测到对变道或转向有影响的车辆时，安装在后视镜的指示灯闪烁。如果驾驶员没有注意到指示灯的闪烁并准备换车道，在发生碰撞的危险前，系统会及时发出声音警报，再次提醒驾驶员换车道很危险，不应换车道。未来随着感知手段的丰富，感知能力的不断提升，系统会在危险即将发生时主动控制车辆，进一步防止因为驾驶员误操作导致的事故。在变道辅助系统的辅助下，驾驶过程中不间断的检测和提醒，可以有效防止因恶劣天气、驾驶员疏忽、后视镜盲点、新手上路等驾驶过程中的潜在危险造成交通事故。

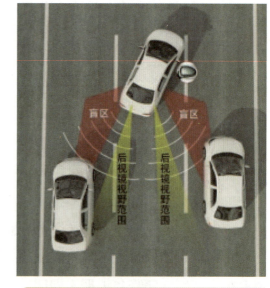

图 5-10　变道过程中的盲区示意图

6. 驾驶员监控

　　驾驶员监控系统包括疲劳监控、驾驶行为监控、注意力监控等，如图 5-11 所示。它不

断检测驾驶员的驾驶状态，使驾驶员保持安全驾驶所需的注意力，以及在自动驾驶和人工驾驶切换过程中，保证驾驶员有足够时间接管车辆。

驾驶员监控可以分为两种类型：一种是间接式监控，即通过驾驶员对车辆的操纵，判断驾驶员是否处于正常驾驶状态；另一种是直接式监控，即通过摄像头对驾驶员的视线、面部状态等进行跟踪，判断驾驶员状态是否满足安全驾驶要求。

图 5-11　驾驶员监控系统功能

7. 泊车辅助

如图 5-12 所示，泊车辅助是用于泊车或倒车的安全辅助装置。自动泊车辅助系统实现过程包括车位检测、泊车路径规划、自动泊车控制等。其中车位检测可以通过超声波雷达或者视觉检测车位线/泊车空间实现，泊车路径规划由自动泊车辅助系统完成，自动泊车控制过程中，系统根据车辆与车位的相对位置，对驱动、制动、转向甚至换挡和驻车制动系统进行控制。

图 5-12　自动泊车辅助系统

在自动泊车辅助系统应用的初级阶段，系统只能实现侧向车位/垂直车位的检测与路径规划，控制过程中有时需要驾驶员在车上辅助换挡或者保持车速在 5~10 km/h 以下。由于技术的限制，有些自动泊车系统虽然允许驾驶员在车外，但是需要随时监控车辆周围环境，例如通过一直按住手机 App 上的按钮方式实现自动泊车，一旦松手系统就会终止，并停车。

随着智能网联汽车感知手段的不断发展，自动泊车系统的智能化水平会不断提升，驾驶员可以在离停车场更远的地方离开车辆，由车辆自主完成泊车，且车辆能够响应人的召唤从停车场驶出，自主泊车可以适应的泊车位（甚至无明确泊车标志的泊车空间）的种类会越来越多样，这样自动泊车系统就能够提供更舒适的驾乘体验。

8. 红外夜视系统

汽车夜视系统采用红外夜视技术实现对夜间行车过程中环境的感知。夜间行车对驾驶员来说是最危险的，因为驾驶员在夜间的能见度很差，而且灯光的范围和亮度有限。在红外夜视的辅助下，驾驶员可以不受光照影响和了解道路的行驶条件，尤其在检测行人等有明显红外辐射的物体中，红外夜视仪具有明显的优势，如图5-13所示。

图 5-13　红外夜视系统的显示

9. 全景环视

汽车全景环视系统包括多个安装在汽车周围的摄像头、图像采集组件、视频合成/处理组件、数字图像处理组件和车辆显示器。

如图5-14所示，这些装置可以同时采集车辆周围的图像，对图像处理单元进行变形恢复→视图转换→图像拼接→图像增强，最终形成车辆360°全景视图。

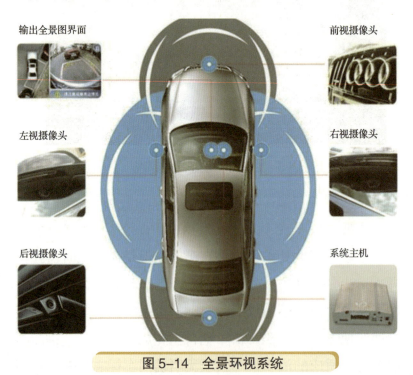

输出全景图界面　　前视摄像头
左视摄像头　　右视摄像头
后视摄像头　　系统主机

图 5-14　全景环视系统

通过更复杂的空间图像拼接算法，可以消除传统俯视图拼接带来的近距离畸变，提供一种立体环视的效果。能够更好地辅助驾驶员理解车辆周围环境。

10. 电子后视镜

如图 5-15 所示，电子后视镜通过摄像头成像，并将后视图像投影到车内的显示屏上，取代传统的镜片式后视镜。这种技术能够有效地降低风险、提供更加全面灵活的视野、减小后视盲区。

图 5-15　电子后视镜在智能网联汽车中的应用

电子后视镜对摄像头的各方面要求更高，在高像素、无畸变、宽动态、低照度、高可靠性方面都有着极高的要求。另外，电子后视镜因为技术问题，目前大部分国家还不能在汽车市场上使用。

但是由于电子后视镜的诸多优点，一些国家已经开始为电子后视镜的应用放开了相关法规。日本早在 2016 年就通过了一项新法规，允许无后视镜汽车上路。特斯拉、通用、大众等车厂也向美国国家公路交通安全管理局（NHTSA）申请用摄像头代替后视镜，奥迪也在与各国相关专家接洽，争取早日合法化，并能够普及开来。2023 年 7 月 1 日，我国《机动车辆间接视野装置性能和安装要求》正式实现，这一新国标增加了摄像机－监视器系统（CIS）即电子后视镜的技术要求，这意味着在我国汽车可以配备电子后视镜来代替传统光学后视镜上路了。

🖊 技能实训

五、视觉传感器的拆装

（1）任务准备

①操作设备：智能网联教学车。

②工具／材料：M7 开口扳手、内六角扳手套装、螺丝刀套装。

任务工单－视觉
传感器的拆装

③人员分工：组长 1 名，记录人员 2 名，检验人员 2 名，操作人员若干，以上人选角色可通过选举、抓阄及教师指定等来担任，通过多个任务的训练，争取让每个学生轮流担任每个角色，最终能够提升学生自身综合能力。

④实训场地：智能网联汽车实训室。

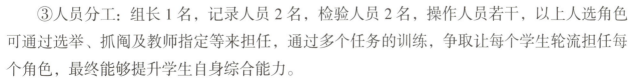

（2）任务实施

拆装前防护	
个人防护：维修人员穿好工装，戴好手套。	整车防护：车内部铺设脚垫、座椅套和转向盘套；车外铺设翼子板和前格栅护罩。

视觉传感器的拆卸	
1.准备工作。 （1）确定自动驾驶系统电源开关处于 OFF 挡。	（2）确认点火开关处于 OFF 挡。

2.拆卸视觉传感器插接器。 （1）拆卸室内照明灯。 ①首先撬下灯罩。	②使用十字螺丝刀，拆卸室内灯总成的两颗固定螺栓，拆下室内灯总成。
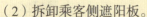	
（2）拆卸乘客侧遮阳板。 ①使用十字螺丝刀，拆卸乘客侧遮阳板的固定螺栓，拆下遮阳板。	②使用十字螺栓刀，拆卸乘客侧遮阳板的支架螺栓，拆下支架。完成以上拆卸后，乘客侧车顶内衬与车顶将分离出缝隙。

（3）从车顶内衬掏出并断开视觉传感器插接器。	3. 使用 M4 内六角扳手和 M7 开口扳手，拆卸视觉传感器的两个固定螺栓，并取下视觉传感器。至此视觉传感器拆卸完成。
	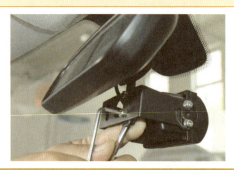

视觉传感器的安装	
1. 将视觉传感器放到安装支架，安装两个固定螺栓。注意：视觉传感器应位于车辆的纵向中心线上。	2. 使用 M4 内六角扳手和 M7 开口扳手，紧固视觉传感器的两个固定螺栓，紧固力矩为 5~9 N·m。
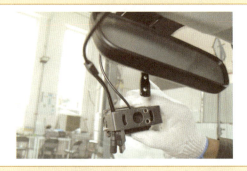	
3. 安装视觉传感器的插头。	4. 安装驾驶员侧遮光板。

5. 安装车顶照明灯总成。	6. 调整视觉传感器，使摄像头与地面水平。

（3）任务评价

完成实训任务后，对任务完成情况进行评价。

任务二 视觉传感器的调试与标定

任务目标

◇ 了解视觉传感器的技术指标参数;
◇ 掌握视觉传感器的标定内容和标定方法;
◇ 能够独自完成视觉传感器的畸变标定。

情景导入

小杨在一家智能网联汽车研发企业工作,负责智能传感器的参数调试和标定工作。今天,他的工作是将一个视觉传感器安装到某一型号的智能汽车上,并完成视觉传感器的装车调试及标定工作,形成调试与标定报告,反馈给研发人员。

假如你是小杨,能否经过下面的学习,胜任这份工作?

应知应会

一、视觉传感器参数介绍

视觉传感器的技术指标主要有像素、帧率、靶面尺寸、感光度和信噪比等。

1. 像素

像素是图像传感器的感光最小单位,即构成影像的最小单位。一帧影像画面是由许多密集的亮暗、色彩不同的点所组成的,这些小点称为像素。像素的多少是由 CCD/CMOS 上的光敏元件数目决定的,一个光敏元件就对应一个像素。因此像素越大,意味着光敏元件越多,相应的成本就越大。像素用两个数字来表示,如 720×480,720 表示在图像长度方向上所含的像素点数,480 表示在图像宽度方向上所含的像素点数,二者的乘积就是该相机的像素数。

2. 帧率

帧率代表单位时间所记录或播放的图片的数量，连续播放一系列图片就会产生动画效果，根据人的视觉系统，当图片的播放速度大于 15 幅 /s 的时候，人眼就基本看不出来图片的跳跃；在达到 24~30 幅 /s 时就已经基本觉察不到闪烁现象。每秒的帧数或者说帧率表示图形传感器在处理场景时每秒能够更新的次数。高的帧率可以得到更流畅、更逼真的视觉体验。

3. 靶面尺寸

靶面尺寸也就是图像传感器感光部分的大小。一般用英寸（1 英寸 =2.54 厘米）来表示，通常这个数据指的是这个图像传感器的对角线长度，如常见的有 1/3 英寸。靶面越大，意味着通光量越好，而靶面越小则比较容易获得更大的景深。比如，1/2 英寸可以有比较大的通光量，而 1/4 英寸可以比较容易获得较大的景深。

4. 感光度

感光度代表通过 CCD 或 CMOS 以及相关的电子线路时感应入射光线的强弱。感光度越高，感光面对光的敏感度就越强，快门速度就越高，这在拍摄运动车辆、夜间监控的时候尤其显得重要。

5. 信噪比

信噪比指的是信号电压对于噪声电压的比值，单位为 dB。一般摄像机给出的信噪比值均是 AGC（自动增益控制）关闭时的值。因为当 AGC 接通时，会对小信号进行提升，使得噪声电平也相应提高。信噪比的典型值为 45~55 dB，若为 50 dB，则图像有少量噪声，图像质量良好；若为 60 dB，则图像质量优良，不出现噪声。信噪比越大，说明对噪声的控制越好。

二、视觉传感器标定

在使用视觉传感器之前需要对视觉传感器进行标定，标定的准确度直接影响视觉传感器感知物体和定位物体位置的有效性和准确性。

视觉传感器通常使用黑白棋盘来标定内部参数和外部参数。相机的外部参数是指相机的安装位置，即相机离地高度以及相机相对于车辆坐标系的旋转角度。在估算外部参数之前，相机需要捕获黑白棋盘格进行内部参数的标定。

1. 水平方向标定

在水平方向上，将棋盘格放在地面上或平行于地面，可以将棋盘格放在车辆的前面、后面、左侧或右侧，如图 5-16 所示。

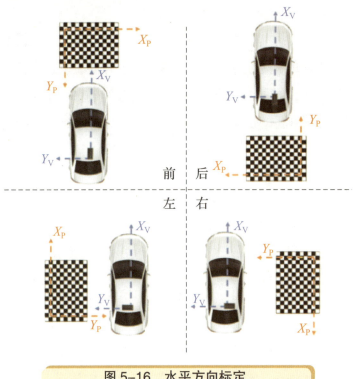

图 5-16　水平方向标定

2 垂直方向标定

垂直方向的标定，将黑白棋盘格垂直于地面放置，并分别放置在车辆前面、后面、左侧或右侧，如图 5-17 所示。

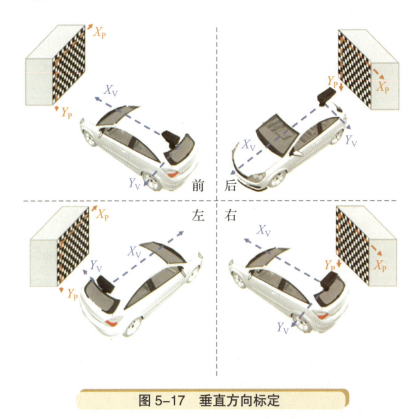

图 5-17　垂直方向标定

技能实训

三、视觉传感器的标定

I. 视觉传感器的畸变标定

视觉传感器的畸变标定

（1）任务准备

①操作设备：智能传感器装配调试台架＋智能网联教学车。

②工具／材料：调试电脑、棋盘格专用标定工具。

③人员分工：组长1名，记录人员2名，检验人员2名，操作人员若干，以上人选角色可通过选举、抓阄及教师指定等来担任，通过多个任务的训练，争取让每个学生轮流担任每个角色。

任务工单－视觉传感器的标定

④实训场地：智能网联汽车实训室。

（2）任务实施

实训目的：矫正视觉传感器在成像过程中产生的畸变。	
标定前防护	
个人防护：维修人员穿好工装，戴好手套。	整车防护：车内部铺设脚垫、座椅套和转向盘套；车外铺设翼子板和前格栅护罩。
	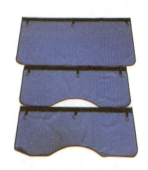
视觉传感器的畸变标定	

步骤一：标定图像采集。

1.启动视觉传感器及视觉传感器标定软件。

（1）启动智能网联教学车及自动驾驶系统。

①踩下制动踏板，将点火开关打到ON挡，启动智能网联教学车；

②将自动驾驶系统的电源开关打到ON挡，启动自动驾驶系统。

2.打开视觉传感器标定软件。

（1）启动智能传感器测试装调台架。按下台架工控机的启动开关，启动工控机；按下台架上的电源开关，打开台架显示屏。

（2）打开视觉传感器标定软件。使用鼠标双击显示屏上的"视觉传感器标定软件"图标，打开软件。

3.标定图片采集。

（1）打开视觉传感器。单击软件上的"打开摄像头"按钮，打开视觉传感器。

（2）采集图片。

①专业人员手持棋盘格，放置到摄像头的前方大约 1.5 m 的位置。

②拍摄棋盘格图片。在软件中，观察棋盘格，要求棋盘格尽量充满整个屏幕，然后单击"拍摄"按钮，拍摄棋盘格图片。

③将棋盘格调整不同的角度，按照拍摄要求"使棋盘格尽量充满屏幕"，拍摄多张图片（图片数量大于 9 张）。图片采集完成后，关闭视觉传感器。

步骤二：视觉传感器畸变标定。

1. 选择标定图片。鼠标左键单击"选择标定图片"按钮，打开标定图片存储的文件夹。选择多张已拍好的棋盘格照片，单击"打开"按钮，完成标定图片选择。

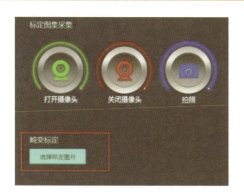
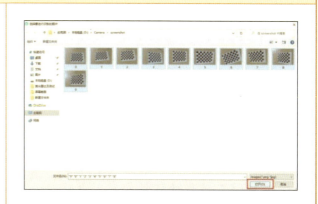

2. 设置棋盘格参数。

将参数设置为："宽"设置为 9 mm；"高"设置为 6 mm；"棋盘格大小"设置为 30 mm。

注意：红框标记为纵向交点数目；橙框标记为横向交点数目。

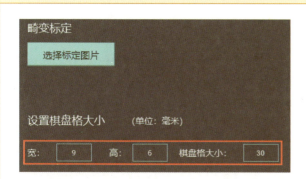

3. 视觉传感器畸变标定。

（1）单击软件上的"畸变标定"按钮，进行视觉传感器的畸变标定。

（2）畸变标定完成后，标定软件上将出现被标定后的标准图片。

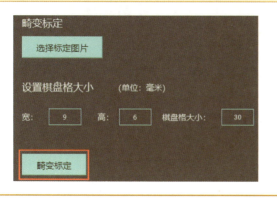

（3）任务评价

完成实训任务后，对任务完成情况进行评价。

任务三　视觉传感器的故障检修

任务目标

◇ 能够正确识读视觉传感器电路；

◇ 了解视觉传感器接口针脚定义；

◇ 能够独立完成视觉传感器故障检修。

情景导入

　　小杨在一家智能网联汽车研发企业工作，负责智能传感器的参数调试和标定工作。今天，他的工作是将一个视觉传感器安装到某一型号的智能汽车上，并完成传感器的装车调试及标定工作，形成调试与标定报告，反馈给研发人员，但在测试过程中视觉传感器出现了故障。

　　假如你是小杨，能够经过下面的学习排除相应故障吗？

应知应会

一、视觉传感器接口介绍

　　视觉传感器在智能网联汽车上的通信方式多种多样，常见的有 USB、以太网和 GMSL（Gigabit Multimedia Serial Links）等。视觉传感器的通信方式与摄像头采集的数据量有关，也就是摄像头采集的数据量越大，需要的通信速率越快。以特斯拉汽车为例，它的摄像头的数据采集量非常大，因此使用车载以太网通信。GMSL，即千兆多媒体串行链路，最大可实现 6 Gbit/s 的速率，而 USB3.0 的通信速率可达 5 Gbit/s。智能网联教学车的视觉传感器采用 USB3.0 进行通信。

二、视觉传感器电路识读

如图 5-18 所示，智能网联教学车的视觉传感器通过 USB 线束与计算平台连接。它通过 USB 接口的 V_{CC} 电源及搭铁供电，通过 USB 接口的 D+ 和 D– 通信电路与计算平台进行通信。视觉传感器的工作过程为：启动车辆，打开自动驾驶系统的电源开关到 ON 挡，计算平台通电开始工作，计算平台的 USB 接口开始通电，给视觉传感器供电。计算平台使用专用软件给视觉传感器发送启动命令，使视觉传感器工作。视觉传感器通过 USB 接口将视觉信息发送给计算平台。

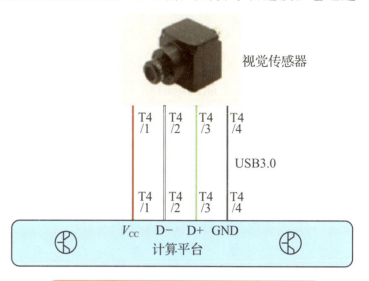

图 5-18 视觉传感器电路图

三、视觉传感器插接器针脚介绍

本课程使用智能网联教学车的视觉传感器为例介绍视觉传感器插接器的针脚。视觉传感器电路重要的插接器为：USB3.0 接口（A 型），如图 5-19 所示。A 型 USB 插接器针脚定义如表 5-1 所示。

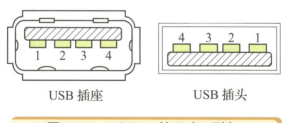

图 5-19 USB3.0 接口（A 型）

表 5-1 A 型 USB 插接器针脚定义

针脚号	定义	定义描述
1	V_{CC}	5 V 电源正极
2	D–	数据线负极
3	D+	数据线正极
4	GND	5 V 电源负极

技能实训

四、视觉传感器电路电源线路故障检修

视觉传感器电源
线路故障检修

（1）任务准备

①操作设备：智能网联教学车。

②工具/材料：调试软件、万用表、探针、跨接线。

③人员分工：组长1名，记录人员2名，检验人员2名，操作人员若干，以上人选角色可通过选举、抓阄及教师指定等来担任，通过多个任务的训练，争取让每个学生轮流担任每个角色。

④实训场地：智能网联汽车实训室。

（2）任务实施

①实训前，首先确保实训设备连接正确，功能完整，能够正常使用。

②老师指导学生，使用专用故障设置设备进行故障设置。

任务工单－视觉
传感器电源故障
检修

故障说明：执行自动驾驶测试时，发现自动驾驶软件无法打开视觉传感器。	
故障检测前防护	
个人防护：维修人员穿好工装，戴好手套。	整车防护：车内部铺设脚垫、座椅套和转向盘套；车外铺设翼子板和前格栅护罩。

故障检修	
步骤一：故障再现。	
1. 启动智能网联教学车。踩下制动踏板，将点火开关打到 ON 挡。	2. 启动自动驾驶系统，将自动驾驶系统电源开关打到 ON 挡。

3.打开计算平台上的自动驾驶软件（见"项目一"—"任务三"—"技能实训"—"三、毫米波雷达故障检修"—"步骤一：故障再现"）。

4.使用软件开启视觉传感器，发现视觉传感器无法开启。

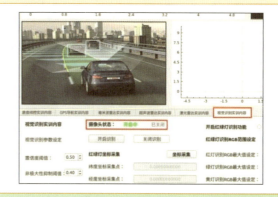

步骤二：故障初步检查。

1.检查视觉传感器在计算平台上是否有设备记录。

（1）打开终端。在计算平台桌面上单击鼠标右键，打开菜单栏，选择"Open Terminal"命令，打开终端。

（2）查看视频设备的端口号，确定视觉传感器是否正确连接到计算平台。

在命令行输入"ll /dev/video*"，按回车键确认。发现计算平台没有连接视觉传感器。

实际查看结果	正常查看结果

2.检查计算平台 USB 接口是否正常。

（1）断开计算平台端视觉传感器的 USB 接口。

（2）在计算平台相应端口插入鼠标接口，检查鼠标工作正常，由此可确定计算平台 USB 接口正常。

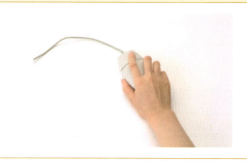

3. 通过初步检查，发现视觉传感器没有连接到计算平台，则可能的原因有：①视觉传感器电源或搭铁线路故障。②视觉传感器通信线路故障。③视觉传感器故障。

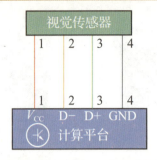

步骤三：故障检测。

1. 根据电路图，首先需要测量视觉传感器的电源线路是否正常。

2. 测量视觉传感器电源线路的通断。
（1）断开视觉传感器的 USB 接口和计算平台端视觉传感器的 USB 接口。

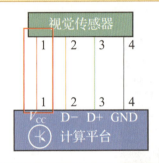

（2）将万用表置于电阻挡，用万用表的红表笔和黑表笔分别连接 USB 线路两个接口的 1# 针脚。正常电阻应 <1 Ω；而实际测量值为 ∞，可确认视觉传感器电源线路存在断路故障。

步骤四：故障维修。

更换视觉传感器与计算平台间的 USB 线束。连接视觉传感器端的 USB 接口和计算平台端的 USB 接口。

步骤五：维修后检查。

1.打开计算平台上的自动驾驶软件。	2.单击"启动摄像头"按钮，视觉传感器正常打开，表明视觉传感器故障排除。
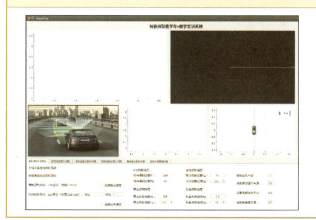	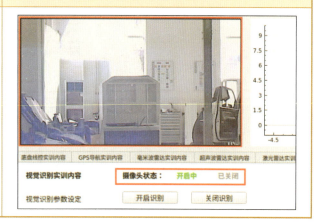

（3）任务评价

完成实训任务后，对任务完成情况进行评价。

参考文献

［1］李妙然. 智能网联汽车技术概论［M］. 北京：机械工业出版社，2019.

［2］李妙然. 智能网联汽车底盘线控系统装调与检修［M］. 北京：机械工业出版社，2021.

［3］孙逢春. 电动汽车工程手册智能网联［M］. 北京：机械工业出版社，2019.

［4］刘元盛. 低速无人驾驶原理及应用［M］. 北京：科学出版社，2019.

［5］崔胜民. 智能网联汽车概论［M］. 北京：人民邮电出版社，2019.

［6］中国汽车工程学会，国家智能网联汽车创新中心. 智能网联汽车蓝皮书：中国智能网联
汽车产业发展报告（2021）［M］. 北京：社会科学文献出版社，2022.

［7］陈宁，许树杰. 智能汽车传感器技术［M］. 北京：机械工业出版社，2020.

［8］许科军. 传感器与检测技术［M］. 北京：电子工业出版社，2021.

［9］杨利. 传感器与机器视觉［M］. 北京：电子工业出版社，2021.